大学生思想政治教育与心理健康研究

肖雯　王　瑾◎著

北京燕山出版社

图书在版编目（CIP）数据

大学生思想政治教育与心理健康研究 / 肖雯，王瑾
著 . -- 北京：北京燕山出版社，2024.4
ISBN 978-7-5402-7275-3

Ⅰ . ①大… Ⅱ . ①肖… ②王… Ⅲ . ①大学生—思想
政治教育—研究—中国②大学生—心理健康—健康教育—
研究 Ⅳ . ① G641 ② G444

中国国家版本馆 CIP 数据核字 (2024) 第 105418 号

大学生思想政治教育与心理健康研究

著者：肖雯　王瑾
责任编辑：郭扬
封面设计：张肖
出版发行：北京燕山出版社有限公司
社址：北京市西城区椿树街道琉璃厂西街 20 号
邮编：100052
电话：86-10-65240430（总编室）
印刷：天津和萱印刷有限公司
成品尺寸：170 mm × 240 mm
字数：180 千字
印张：10.75
版别：2025 年 5 月第 1 版
印次：2025 年 5 月第 1 次印刷
ISBN：978-7-5402-7275-3
定价：68.00 元

前　言

随着改革的发展和社会竞争的日趋激烈，大学生的世界观、人生观、价值观也不断地发生着变化。大学生思想政治教育工作能够帮助大学生树立正确的三观，为改革开放和社会主义现代化建设培养高素质的创新人才。因此，在大学生思想政治教育教学中，要坚持开拓创新，进一步提升大学生的马克思主义理论素养和道德品质。

当前，大学生的心理健康越来越受到重视，而大学生思想政治教育的实施与大学生的心理健康密切相关。将大学生思想政治教育和心理健康教育有机结合，能够使思想政治教育从心理健康教育中获取新的知识和方法，从而深化思想政治教育，并为大学生接受思想政治教育创造良好的心理条件。与此同时，进行大学生思想政治教育工作又进一步保障了心理健康教育的开展。由此可见，在一定程度上，思想政治教育与心理健康教育是无法分开的。因此，为了大学生的身心得到全面的发展，在研究大学生思想政治教育的同时研究大学生的心理健康教育是十分有必要的。

本书第一章为大学生思想政治教育，主要内容包括大学生思想政治教育概述，大学生思想政治教育现状，大学生思想政治教育原则、方法及理念以及大学生思想政治教育模式；第二章为大学生心理健康，主要内容包括大学生心理健康概述、大学生心理健康现状以及大学生心理健康问题分析；第三章为大学生思想政治教育与心理健康教育的结合，主要内容包括思想政治教育与心理健康教育的关系，思想政治教育与心理健康教育结合的必要性、重要性及可行性分析，以及思想政治教育与心理健康教育结合的路径；第四章为大学生思想政治教育与心理环境，主要内容包括思想政治教育心理环境概述，思想政治教育心理环境现状，思想政治教育中心理环境的作用，以及营造健康心理环境、增强思想政治教育实效；第五章为大学生思想政治教育视域下的心理疏导，主要内容包括心理疏导概述、心理疏导的价值取向、心理疏导的基本过程、心理疏导的方法与技术，以及心理疏导的实施策略。

在撰写本书的过程中，笔者参考了大量的学术文献，得到了许多专家的帮助，在此表示真诚的感谢。本书内容系统全面，论述条理清晰、深入浅出，但由于笔者水平有限，书中难免有疏漏之处，希望广大同行及时指正。

肖雯

2023 年 8 月

目　录

第一章　大学生思想政治教育

本章为大学生思想政治教育，主要包括大学生思想政治教育概述，大学生思想政治教育现状，大学生思想政治教育原则、方法及理念以及大学生思想政治教育模式等内容。通过对这四个方面的详细阐述，彰显高校思想政治教育工作的重要性。

第一节　大学生思想政治教育概述

一、大学生思想政治教育的内涵、理论依据与基本特征

（一）大学生思想政治教育的内涵

大学生的思想政治教育是指有目的、有计划、有组织地教授他们特定的思想、政治观念和社会规范，以适应当前特定的社会环境，并培养他们符合社会要求的思想政治品德的实践行为。在我国，大学生思想政治教育是指教师按照我国社会发展要求对大学生进行教育，使他们形成符合我国社会所要求的思想政治品德的社会实践活动。

（二）大学生思想政治教育的理论依据

1. 马克思主义科学体系

马克思主义是一个系统的理论框架，由多个基本理论、观点和方法相互融合而成，具有科学性。马克思主义科学体系可以划分为两个部分：第一部分是马克思主义基本原理，第二部分是中国化的马克思主义。在大学生的思想政治教育中，

坚持使用完整、准确且具有发展性的马克思主义理论来引导是非常重要的。只有全面掌握马克思主义的精髓，并从发展的角度来看待马克思主义，才能科学地理解马克思主义。只有正确理解和应用马克思主义的方法，才能真正将马克思主义应用于大学生的思想政治教育工作。

（1）马克思主义基本原理

马克思主义基本原理主要由马克思主义哲学、政治经济学和科学社会主义三个部分组成。大学生思想政治教育以马克思主义基本原理为指导，主要是指以下三方面的指导。

①马克思主义哲学的指导。马克思主义哲学由辩证唯物主义和历史唯物主义两部分组成，这门学科研究自然、社会和人类思维的通用规律，并为我们提供科学的方法和对世界的认识。作为马克思主义理论极为重要的一部分，马克思主义哲学理论也是各学科研究和思想政治教育的根本指导思想。要践行马克思主义哲学，理应运用唯物主义、辩证法、实践观、群众性观点、阶级矛盾观等理论以及科学的方法，分析并解决大学生思想政治教育方面的问题，借此建立起一个科学的理论体系。

②马克思主义政治经济学的指导。马克思主义政治经济学探究了资本主义最根本的矛盾，说明了生产力和生产关系互动的原理，阐述了物质利益和经济关系的基本原则，并科学地解释了社会实践活动的物质动力。这一学说充分揭示了资本主义运行的内在规律和根本矛盾，并为构建更公正合理的社会制度提供了重要的思想基础。马克思主义中的物质利益观认为，大学生的思想政治教育应该与他们的切身利益紧密相连，而不应脱离实际。这为大学生的思想政治教育提供了理论依据，能够有效地促进大学生思想政治教育工作的开展。

③科学社会主义的指导。科学社会主义是一种思想体系，它为实现社会公正、和平等提供了理论指导。科学社会主义通过对资本主义生产方式的分析，揭示了资本主义的剥削本质，研究了资本主义的发展规律，同时也合理地阐明了社会主义取代资本主义的必然性。这些理论赋予了大学生思想政治教育工作重要的目标和责任。大学生应该接受以科学社会主义为理论指导的思想政治教育，以引领他们树立社会主义思想观念，始终坚定走中国特色社会主义道路，积极践行建设中

国特色社会主义的共同理想，坚定信仰，为共产主义事业献力。

（2）中国化的马克思主义

中国化的马克思主义是在马克思主义基本原理和中国国情相结合的基础上，由中国共产党人领导中国人民所创造出的独特理论财富，具有极高的历史价值。中国化的马克思主义将传统与现代的文化特点融合起来，成为指导我国建设和发展的重要理论指南。

在中国特色社会主义建设的过程中进行大学生思想政治教育具有必要性。在大学生思想政治教育工作中，需要既遵循马克思主义基本原理，又要以具体的马克思主义理论内容为指引。我国的大学生思想政治教育得以全面发展，这要归功于中国化的马克思主义的指导。这种指导涵盖的范围相当广泛，不仅包括大学生思政教育的方向、作用、任务、内容、原则、对象、方法和创新，还包括如何有效管理和建设大学生思想政治教育队伍、营造良好的教育氛围，以及改进领导方式等方面。

2. 大学生思想政治教育的理论原理

在完整、准确地学习和把握马克思主义科学体系的基础上，需要进一步把握与大学生思想政治教育密切相关的马克思主义的基本理论原理，这些基本理论原理主要有以下几个方面。

（1）社会历史发展总趋势理论

马克思主义认为，社会存在和社会意识之间的相互作用是社会形态变迁的根本驱动力。经过深入分析生产力和生产关系、经济基础和上层建筑之间的矛盾运动等规律，马克思主义指出了矛盾推动下社会形态变迁的原因。这种形态变迁不断由生产力和生产关系之间的冲突所推动，同时社会生产力的不断提高也是促进社会形态发展的核心动力。这为人们正确认识资本主义社会和社会主义社会，以及从根本上认识大学生思想政治教育的目的提供了科学指导。

马克思主义关于社会历史发展总趋势的理论从总体上决定了大学生思想政治教育的地位、作用、目的、任务、内容和效果。大学生思想政治教育是中国特色社会主义事业的重要组成部分，是为实现中国特色社会主义历史使命服务的，具有十分重要的地位。大学生思想政治教育的根本目的在于帮助大学生树立中国特色社会主义的共同理想，坚定对中国特色社会主义的信念，培育一代又一代中国特色社会主义的建设者和接班人。判断大学生思想政治教育正确与否要以是否符合社会历史发展的必然趋势和要求为根本标准；大学生思想政治教育效果的好坏主要视其是否能对大学生树立坚定的社会主义信念、增强大学生的历史使命感、提高大学生的思想政治素质有所作用而定。

（2）社会存在与社会意识辩证关系原理

历史唯物主义的核心内容是社会存在决定社会意识，两者存在一种辩证关系。历史唯物主义能够以科学的方式回答社会历史观中最为重要的问题，并清晰地阐述它们的本质。

社会存在与社会意识是相互依存和相互作用的关系。社会存在作为根源孕育了社会意识，而社会意识则反映着社会存在的状态和变化。换句话说，社会存在和变化对社会意识具有深远的影响和决定性作用，而社会意识能够独立存在，并且对社会现实具有一定的作用力。先进、革新的社会意识能够推动社会变革的进程，而落后、保守的社会意识则会阻碍、延缓社会的发展。

这一原理要求高校在大学生思想政治教育工作中正确认识两者的关系，必须认识到社会存在对大学生产生的影响是巨大的，但同时也必须意识到大学生的社会意识是相对独立的，可以主动地抵制社会存在的不良作用。因此，高校需要帮助大学生正确树立社会意识，摒弃不正确的社会观念，也要反对过分强调社会存在的决定作用而否认社会意识的能动作用，坚持认识论和历史唯物主义的辩证法，正视社会意识与社会存在的内在联系和互动关系。高校既要防止大学生思想政治教育"万能论"的错误倾向，又要反对否认社会意识能动性，防止大学生思想政治教育"无用论"的错误倾向。

由于社会存在的多样性，大学生的思想呈现出复杂多变的特点。高校在进行大学生思想政治教育时，需要认真考虑大学生所处的社会环境，包括政治、经济、文化和人际环境，以及身心发展的特征。深刻认识外部因素对大学生思想形成和变化的影响，有助于高校依据社会存在影响大学生的思想规律，有的放矢地展开教育活动，提升大学生思想政治教育的效果和科学性。高校教师要利用教育活动在社会意识方面发挥的积极作用，借助先进的科学思想和理论来武装大学生的头脑，使他们的思维更为开放。同时，教师需要帮助大学生改变过时、错误的思想观念，促进他们健康成长，成为有能力、有思想的人才。社会存在和社会意识的相互作用是解释大学生思想形成和发展规律的理论基础。这一理论为大学生思想政治教育工作提供了科学的理论支持，使大学生思想政治教育工作更符合大学生思想活动的特点，也为明确其地位和作用提供了有力支持，是开展大学生思想政治教育工作的锐利武器。

（3）人的本质理论

社会关系的范围十分广泛，包含了许多不同的类型，如经济、政治、法律、文化、道德伦理、民族和家庭等。经济关系在社会关系中扮演着主导角色，尤其在促进其他社会关系发展方面发挥了至关重要的作用。同时，政治和文化关系也受到经济关系的制约和影响。

马克思主义关于人的本质理论为正确认识大学生、科学开展大学生思想政治教育活动提供了理论指导。大学生思想政治教育的目标人群是处于大学阶段的学生。大学生思想政治教育是为了帮助大学生树立正确的世界观和人生观而展开的一项教育实践。教师在进行大学生思想政治教育活动时，应该先深入了解大学生群体，了解他们思想形成和发展的规律，以便能够采用科学合理的方式对其进行教育。认识人的本质理论对于教师来说是至关重要的，因为它可以帮助教师准确理解大学生，抓住大学生思想形成与发展的规律。原因在于以下三个方面。

第一，大学生的思想受制于社会关系，而参与社会实践活动有益于其思想的发展和完善。大学生的思想形成和发展取决于其所处的社会关系，其中经济关系则占据了至关重要的地位。探究各类社交关系对大学生思想的影响能够全面了解大学生思想形成的物质支撑和社会根源。

第二，大学生天性渴求变化和发展，教师可以运用人类学和发展心理学的理论，科学、全面地认识大学生的思想特点和变化规律。

第三，大学生的本质在社会交往中得以实现。如果大学生的社交圈广，那么他们的活动范围和接触面也更开阔，从而有机会接触更多信息，与更多人进行思想上的交流。例如，在教育活动中，大学生与教师进行交往与互动，大学生就会受到教师的引导和帮助，使自己形成新的思想观念。所以，在人的本质理论指导下，教师不仅可以认识大学生思想形成的规律，而且能遵循大学生的思想形成规律，科学地实施教育活动。

综上所述，只有将马克思主义人的本质理论作为指引，才能对大学生的本质和思想特点进行科学的分析，并创造一个有益的教育环境，帮助他们树立正确的世界观、人生观和价值观，使大学生的成长与我国社会进步的方向一致。

（4）人的全面发展理论

马克思主义关于人的全面发展的理论是党和国家确定大学教育方针、确定大学生思想政治教育根本任务和目标的重要理论根据。

大学应该致力于培养具备全面发展能力的人才，这符合人类全面发展理念的要求。为了实现这一目标，大学应当推行全方位的教育，涵盖道德、智力、体验和审美四个方面。这些方面具有各自的特点、作用和规则，相互独立，缺一不可。大学生思想政治教育作为大学生全面发展教育的重要组成部分，是大学生全面发展诸多影响因素中的主导因素，关系到大学生成长的方向，对大学生的全面发展具有重要的保证和促进作用，是大学教育的根本问题。教师的责任之一就是教育、引导大学生正确认识和处理各种因素之间的关系，为培养全面发展的人才做出应有的贡献。

大学生的思想政治教育应当遵循全面发展的理念，秉持激发大学生身心潜能、发挥其自主能动性的原则。另外，要鼓励大学生积极参与各类兴趣活动，提升自己的社交技能，激发创新思维并培养创造能力，以实现自身全面发展。大学生需要接受全面发展教育，并提高自身的素质，这不仅是大学生应该做的，也是为了增强大学生的内在实力，促进社会发展所必需的。

（三）大学生思想政治教育的基本特征

1. 导向指引下的整体性与层次性相结合

（1）导向指引性

思想政治教育是党的意识形态工作的重要组成部分，也是提高人民思想道德素质的重要手段和工具，具有导向指引性。思想政治教育是学科理论体系中的基础，在促进大学生全面成长和发展的影响因素中是至关重要的，因此，它在大学教育中扮演着核心的角色。在学科理论体系中，思想政治教育是关键内容，通过将感性认识提升为理性认识，并形成具有前瞻性的教育内容，对教学实践活动起到指导作用。此外，思想政治教育具有明确的价值指向，这是由它本身的阶级性特征所决定的。大学生思想政治教育的导向指引性主要体现在以下两个方面。

第一，思想政治教育的导向指引性对于大学生的个人成长和社会实践具有指导意义。更具体地说，它可以促使学生的思维方式和内心状态朝着更全面的方向发展，进一步加强他们的心理韧性和精神实力。通过教学实践，可以将社会主义核心价值观与学生的个人思想观念和政治观点有效地结合在一起，使学生自觉地接受和形成社会主义核心价值观，并引导他们为实现中华民族伟大复兴而奋斗。

第二，思想政治教育的导向指引性可以用作客观评价思想政治教育教学效果的标准，并给出改革与发展方向，从而推动教学理论的创新和不断进步。

思想政治教育是在马克思主义指导下进行的，其目的在于通过教师的指导，帮助学生形成符合社会发展需要的道德准则和思想品质，以达到价值观和社会观的协调和统一。

（2）整体性

在思想政治教育中整体性体现在教学的每一阶段和环节中。思想政治教育注重教学内容的整体性，旨在向学生传授马克思主义理论知识，该理论具有完备的逻辑体系和框架，并且其发展历程也呈现出整体性。在思想政治教育的指导下，整体性的表现主要在于将思想政治教育作为教学的内容，并借此引领教学走向正确的方向。思想政治教育的重点应该放在让学生全面了解和认识课程及其思想，而不是对课程某一特定知识点的深度挖掘，因为这门课程本身已经具有整体性。在教学过程中，首要任务不应是让学生掌握某一具体知识，而是引导他们理解相关思想，只有这样他们才能将知识内化于自己的思维中，实现知识和思想的转化。

思想政治教育是一门兼具系统性、整体性的课程，它可以将不同类型的教育元素有机地融合在教学过程中，帮助学生将感性认知和散乱的思想转化为良好的思想政治素养。教学的核心在于，要将学生对马克思主义理论的认识转化为深信不疑的信仰。为此，在思想政治教育教学中需要重视对整体性的把握。思想政治教育教学从根本上来说是思想政治教育体系的重要组成部分，这个体系是由多个元素和层次组成的，是一种思维方式的创造，它的演变和成长反映了辩证逻辑整体的运动状态，其中各个元素和层面之间，以及整体体系和外部事物之间都存在着密切的联系。思想政治教育教学是学科体系的重要组成部分，其元素和层次需要用系统思维的方式表达，这样教师和学生才能深刻理解并由此获益。思想政治教育体系揭示了各个元素之间的运动轨迹和规律，深刻地说明了它们的本质。

（3）层次性

思想政治教育的层次性表现在思想政治教育是一个整体系统，包含多个层次的教学内容。思想政治教育体系的分类是基于逻辑思维的规则和方法，按照科学合理的顺序和范畴划分而得出的。这个体系包括起点、中心和成果，是一个具有逻辑性和有序性的分类系统。高校思想政治教育教学围绕中心范畴，从起点开始逐步深入中心概念和成果概念，最终形成一个动态的学习过程。这个过程生动地表达了高校思想政治教育教学系统中各个要素和层次之间的相互联系以及其不断变化的本质规律。思想政治教育教学必须与其他要素相互衔接，并以一个完整的体系呈现，只有这样才能准确反映思想政治教育教学的本质规律。高校思想政治教育教学具有整体性的特点，因此不同的教学层次和结构之间存在相辅相成的关系。一是指系统和要素之间存在稳定的联系，这表示在系统范畴中每个具体范畴都有确定的位置和功能等。二是指在教学中各层次之间存在联系，它们按照逻辑规律相互关联，构成一个整体。

在思想政治教育教学体系中，层次性的体现取决于各部分之间存在相互依赖、相互制约的关系。思想政治教育教学体系各个层次之间相辅相成、相互影响，构成一个相互依存的整体。思想政治教育教学不仅包含整体性的导向指引，还具有教育教学的层次性特征。这种特征能够将教学过程中的各个环节有机联结成一个合理有序、结构清晰的整体，形成一个完整的体系。综合来看，思想政治教育教学具备导向指引下的整体性以及层次性。

2. 科学性和相对性相结合

（1）科学性

思想政治教育的科学性在于其概括和反映的内容，思想政治教育通过教学实践活动使学生形成社会所需要的思想品德，培养学生全面发展的综合能力，主张应该让每个学生发挥最大潜力。因此，通过思想政治教育能够最大限度地提高学生的观念水平。思想政治教育教学实践活动以马克思主义理论为基础，向学生传达价值观、立场和观点等方面的知识，以此促进学生在马克思主义的指引下进行自我成长与建设。思想政治教育的科学性还体现在其自身具有的客观实在性和规律性。客观实在性是思想政治教育教学实践活动的一个基本特征，不受历史时期和政治体制的影响，这种特殊矛盾运动的本质规律在任何时期都是存在的。因此，思想政治教育教学的基本特点在于客观性和科学性。

（2）相对性

思想政治教育的重要性源于其固有的阶级性和意识形态特征。统治阶级的阶级性质和立场决定了其服务的对象和实现具体目标的方式。按照马克思主义历史唯物主义的观点，代表最广大人民群众的根本利益是马克思主义政党坚定不移的政治方向。毫无疑问，社会主义国家的思想教育宗旨在于为工人阶级政党和广大人民群众服务。

思想政治教育的教学实践包括对原有教学内容的修正，需要修正原有的教学内容并更新现有的内容。任何事物的发展都与现实因素息息相关，思想政治教育体系的构建也受到实践的影响。这套体系的构建源于对已有教学实践的概括、提炼和概念化，但由于受到多种因素的制约，因此可能无法完全精准地预测未来的教学实践内容。因此，当前范畴所反映的内容是相对的，而非绝对的。

从马克思主义的角度看，思想政治教育的范畴是经历了运动和演化的。随着时间的推移，思想政治教育正在不断发展和改进，其覆盖的范围不断扩大，教学方法也不断翻新，人们的认知能力和水平也在随着对事物认识的深入而不断提高，因此会出现新的观点和理念。

3. 客观性与主观性相结合

思想政治教育是客观内容与主观形式的辩证统一，思想政治教育教学既关注内容，也注重形式，二者紧密融合，是对实践中各种现象之间关系及其本质特征的总结和反映。因而，思想政治教育具有客观性与主观性相结合的特点。一方面，教师在教学过程中注重学生的主观能动性，在客观内容的基础上充分考虑学生的主观能动性；另一方面，教学内容的形式是教师主观构建的，它是客观存在的内容在教师思考和反思的过程中所展现出来的形式。教师通过自身的主观能动性对教学实践中的具体内容进行加工，并通过主动的思考、反思和改进，将内容呈现出不同的形式。如果教师没有在教学实践中运用思维和创造力，也就无法将客观性和主观性统一在特定的思想政治教育教学实践活动中。

思想政治教育的客观性是指其教学内容来自这门课程所研究领域的教学实

践，并且具有本质规律性，不受教师主观意愿的影响，而这种客观性是通过课堂教学和实践教学来体现的。在实践教学中，教师需要考虑到多个层面，如教育理念、学科知识和实际操作等方面。此外，教师和学生之间的关系，不同形式的教学方式，如理论教学、实践教学和管理教学，都是教师需要考虑的因素。同时，教师需要在教学过程中注重理论传授和情感共鸣等教学内容。教学实践不是与独立于人们意识的客观物质相同的东西。在教学实践活动中，思想政治教育教学是体现教学本质和规律的过程。该领域的资料来源、创造历程以及发展趋势等使得该领域具有客观性。

在研究理论问题时，教师需要充分引导学生的主观性。学生的主观性将思想政治教育教学研究领域产生的具有客观实在性的原材料进行加工，这种加工处理是由人们的理性思考驱动的创造性活动，从而赋予最终表现形式主观色彩。当教师讨论教学问题时，必须考虑教学内容和反映形式之间的相互关系，不能只强调教学的主观性或者只关注客观性，这两种观点都不全面。大学生思想政治教育教学是客观性和主观性的统一。

4. 实践性与认识性相结合

教师通过不断地实践和思考，从教学实践中获取初步的认知，然后反复思考、分析研究、总结归纳，并探索教学实践的内在本质和特点，接下来，通过分析这些现象的共性，研究它们之间的内在联系和本质特征，最终形成适用于实践的思想政治教育教学方法。其实践性表现在两个方面：一方面，其实践性源于思想政治教育教学实践并服务于思想政治教育教学实践；另一方面，这一特性对指导大学生准确理解马克思主义的价值观和方法论等至关重要，有助于提升教学的效果。

大学生思想政治教育教学本质上是教师与学生的相互作用，并通过不断的实践拓展双方的理解和认知，最终将这些认知运用到实践中，以形成新的认识。教和学在这种教学实践中相互结合，这体现了教学的基本概念，并且实践和认识也相互统一。教学的本质特征在于实践，教学源自实践，同时也影响和指导着实践。经过对思想政治教育教学实践活动的分析研究，我们得出结论：思想政治教育教学实践是实践活动和认知体验的深度融合，二者相互支撑、紧密衔接。

中国特色社会主义思想政治教育教学的核心价值在于对中国社会背景下的思

想政治教育的不断探索和深化。它能够为大学生的马克思主义理想提供引导，同时显示了将思想政治修养、德育教育教学与现实教育实践相结合的重要意义。利用理论对教学实践进行指导，能够帮助学生获得积极的态度和认识，从而更好地参与教学实践活动。

思想政治教育教学既是实践的重要组成部分，又是理性认识的关键支撑。它不仅来自教学实践活动，还更深层次地表明了教学实践与理性认知之间相互依存、相辅相成的关系。

二、大学生思想政治教育的功能

思想政治教育的功能在于通过对学生进行思想启蒙和道德引导，使其能够更好地适应社会生活并发挥积极的、有益的作用。可以从多个角度探究思想政治教育的功能，概括而言，我们可以将思想政治教育的功能分为两个层面：个体层面的功能和社会层面的功能。个体性功能指的是思想政治教育对个体进行教育后能够对其产生的实际影响，这种影响可以从个体的生存、发展等方面来展现。思想政治教育的核心功能是个体的素质提升，个体性功能则是素质提升的直接体现。因此，可以说个体性功能是思想政治教育本质功能的具体呈现。社会性功能是指思想政治教育在社会发展中所具备的实际作用，包括它对社会政治、经济、文化等方面的影响。

（一）个体性功能

1. 个体生存功能

在大学中，思想政治教育的个体生存功能是指思想政治教育在引导大学生个体遵循客观规律、服从生存法则以便求得更好的生存状态的过程中所发挥的作用，主要体现在以下两方面。

一方面，大学思想政治教育能够对大学生的生活质量产生积极影响。大学的主要使命在于帮助学生培养科学的世界观、人生观和价值观，掌握道德准则和行为规范。这些思想、信条、行为准则使大学生具备了实现自身价值并对社会做出贡献的能力。

另一方面，思想政治教育是大学生精神生活的一部分。思想政治教育在大学生精神层面上扮演着沟通的角色。这种沟通重视人与自然、人与社会、人与自我之间的交流，致力于通过理解和认同自我内心的情感世界来适应和理解外部现实世界。在人际交往中我们常常关注社会和个人的实用需求，但是，人类独特的思考能力促使我们不断反思生命和精神世界的内在联系，并致力于建立这种联系。一旦确信自己与外界建立了这种联系，就能找到生存和成长的意义，同时在情感和理智之间保持平衡。大学思想政治教育能够引导大学生进行及时的自我反思，在不断的反思当中寻找适合自身生存的正确道路。

2. 个体发展功能

思想政治教育的个体发展功能是指思想政治教育对塑造大学生的品德、促进大学生的发展所起的作用，主要体现在以下几方面。

（1）引导政治方向

教师通过激励、支持和教导等方法，引导大学生在思想和行动上朝着满足社会所需的方向发展；通过开展各种形式的活动、运用多种手段提高大学生的思想政治素质，使他们坚持正确的政治方向。首先，帮助大学生明确并具体规划自己的奋斗目标，以此激励大学生向目标不断努力；其次，通过宣传党的路线、方针、政策，指引大学生的思想，提高他们对问题的认知水平，并在此基础上规范自己的言行举止；最后，通过正面的肯定、鼓励和负面的批评、监督等手段塑造集体舆论氛围，对大学生的思想和行为进行调整和规范，从而形成一种有效的约束和引导机制。这将有助于朝着符合社会需求的方向引导大学生的思想，并增强对其的思想政治教育效果。

（2）约束规范行为

大学生的行为可以通过思想政治教育达到规范和约束的效果，方法包括向他们传授社会规范，如法律、道德等，并通过奖励遵守社会规范的行为，惩罚违反社会规范的行为来加以引导。在思想政治教育中，通过规范行为来影响人们的思想是非常重要的。如果只是单纯地灌输抽象的思想，没有明确规定的行为规范，那么很难引导大学生朝正确的方向发展，甚至会导致道德败坏和行为失控等不良现象的出现。因此，大学思想政治教育在帮助学生树立正确的法治观和道德观方面起着重要作用，使他们能够自觉地遵守相关法律和道德规范，并在社会规范范围内从事具有创造性的活动。

（3）激发精神动力

思想政治教育采取多种方法激发大学生的积极性、自觉性和创造性，促使他们积极融入社会主义现代化建设。这些方法的目的在于唤起大学生的热情和动力，引导他们积极投身社会事务。个人需求对积极性有极大的影响，当需求变得更紧迫时，积极性也会相应提高。人的需求可以分为两种：物质需求和精神需求。相对应，激励行为也可以从来两方面展开：物质激励和精神激励。对于大学生来说，无论哪种激励方式都是必需的，都是促进他们发展的动力。物质和精神的需求互相关联，物质的满足能够影响精神层面，而精神状态也会反过来影响物质需求。因此，精神的激励是极为重要的，不能忽视其作用。因此，要促进大学生的成长积极性，不能只依赖物质奖励的手段，还可以通过精神激励来实现。

（4）塑造个体人格

大学思想政治教育的核心价值在于培养大学生优秀的人格品质，帮助他们形成崇高的人生理念和健全的心理素质，具备为社会做出贡献的合格素质。大学思想政治教育能够激发大学生的创新思维，使他们拥有更高的追求和理想，并以正确的态度看待社会、人生和自我。此外，大学思想政治教育还能够增强大学生应对和改善周围环境的能力，帮助大学生摆脱传统观念的束缚，培养自我驱动力，保持积极的生活态度和创造力，不断挖掘个人潜力并完善人格。这表明思想政治教育在促进个人发展和提升方面非常有价值，因为它是一种独特的精神力量，在个体人格形成和塑造方面发挥着关键作用。

3. 个体享用功能

所谓思想政治教育的个体享用功能，是指思想政治教育能使每个个体实现其某种需要和愿望（主要是精神方面的），并从中获得精神上的享受。在大学思想政治教育发展进程中，正确认识思想政治教育的这一功能有着重要的现实意义。

在大学教育中，学生受益于思想政治教育的作用是不可否认的。思想政治教育通过提高学生的思想道德素质，可以在某种程度上满足他们的精神需求。优秀的思想品德能够帮助学生更好地理解现实世界，其中的重要因素是个体的道德观念，即从个人内心的角度去认识和理解世界。人的思想品质的积极表现可以通过实践活动来体现，这有助于我们共同营造一个更加美好的社会。在外部环境中必定存在可以带来满足和幸福感的因素。思想政治教育可以帮助大学生逐渐培养崇高的生活态度，使他们能够以一种积极地态度去看待人生，从中体会到乐趣。

（二）社会性功能

1. 政治功能

思想政治教育的政治功能是指思想政治教育通过培养具备良好思想政治素质的学生推动政治发展的作用，具体表现在以下几方面。

第一，传递主流价值观，调节社会精神文化生产。为了维护自身的支配地位，统治阶级需要加强社会成员的思想政治教育，引导他们接受主流意识形态，以规范社会的精神文化生产。我国大学旨在通过思想政治教育传达马克思主义和社会主义核心价值观，以推动大学生思想一致性的形成，整合社会精神生产要素，同时引导和调节精神生产。

第二，传播政治意识，引导人们的政治行为。思想是行为的先导，人的政治行为总是受到一定思想观念的支配。通过大学思想政治教育，可以向大学生传递我国主流的政治观念、法律要求和道德标准，从而帮助他们树立正确的政治理念，提高政治思考、辨别和选择能力，增强政治参与意识，培养高水平的政治素养，以更好地参与各项政治活动。在促进社会主义和谐社会建设的进程中，必须坚持思想政治教育的政策方向，通过多种方式有计划地对大学生进行积极正面的主题教育，包括共产主义理想教育，社会主义、爱国主义、集体主义教育以及社会主义核心价值观、道德观教育等，为社会主义民主和法治建设创造基本条件。

第三，传递社会信息，确保社会的有机联系，促进社会政治的稳定和发展。大学思想政治教育一方面要宣传马克思主义理论和社会主义先进文化以及党的路线、方针、政策，并促使大学生将马克思主义和先进文化内化，认同并贯彻执行党的路线、方针、政策；另一方面要积极倾听大学生的心声，将他们的想法和建议汇报给上层主管部门作为制定政策的重要参考依据。在纵向和横向的社会联系、社会交往中，思想政治教育扮演着重要的"沟通者"角色，对于加强党和人民之间的联系、协调人际关系、化解社会矛盾、促进社会的稳定和发展、增强民族凝聚力起着不可或缺的重要作用。诚然，思想政治教育对社会政治稳定的维护作用不是单独产生的，而是与社会的其他功能系统如法治建设结合在一起发挥作用的。因而，思想政治教育应加强与有关社会系统的协调，形成立体的功能网络，从而达到维护社会稳定、促进政治发展的目的。

2. 经济功能

经济功能是指思想政治教育通过激发人们的参与热情，发挥推动经济建设和促进经济发展的作用。它的关键在于促使学生积极融入经济建设，帮助学生了解正确的经济运行规则，以促进其做出合理和明智的经济行为，创造一种积极的气氛，以促进经济发展和建设。总的来说，思想政治教育在经济方面的功能主要体现在以下两个方面。

一方面，思想政治教育是经济建设坚持社会主义性质和方向的可靠保障。物质生产本身没有阶级性，但生产力总是同一定生产关系相联系，经济基础总是同一定上层建筑相联系，因而物质生产的发展也有方向性问题。历史证明，社会的掌权者会利用自己的信仰、政治观念等影响物质生产和经济发展的方向。由于我国是社会主义国家，因此我们必须通过社会主义现代化的道路来实现发展。在这个过程中，思想政治教育的经济功能显得尤为重要，其首要任务是确保我国现代化建设始终坚持社会主义方向。在经济领域开展思想政治教育可增强学生实现中国特色社会主义共同理想的信念，增强他们自觉贯彻执行党的路线、方针和政策的意识，保障我国经济建设持续稳步向前迈进。

另一方面，思想政治教育是营造和谐社会环境的重要手段。物质资料的生产是人类生存的基础，人类历史就是生产发展的历史。为了保持人与人之间的关系和谐，并使之在政治和法律的约束下得以维系，需要依靠道德和思想上的规范进行调节。通过深入有效的思想政治教育，可以平息矛盾、调和冲突、稳定情绪，从而保持人与人之间的正常关系与和谐互动，维护人际关系的平衡，同时为经济建设营造良好的社会氛围，加速推进经济事业的繁荣发展。

3. 文化功能

思想政治教育的文化功能是指思想政治教育在社会文化及其发展中所扮演的角色和产生的影响。思想政治教育具有文化传播、文化选择和文化创新的功能。

（1）文化传播

大学思想政治教育是指通过教师有意识、有计划、有组织地引导大学生，让他们在思想观念、政治态度和道德规范方面发生改变，培养其符合社会发展要求的思想品德和社会实践能力。思想、政治、道德的价值体系均属于文化领域的一部分，这些价值观在构成政治文化和道德文化方面起着重要的作用。可以说，思想政治教育是将政治文化和道德文化传递给个人的过程，旨在促进个人在政治和道德方面的社会化。在这个过程中，双重行动得以进行：一方面，通过思想政治教育和其他手段将主流文化价值观传递给大学生，并主导他们的意识形态，促使他们形成符合社会要求的行为模式；另一方面，大学生可以通过学习、模仿以及参与社会实践等多种途径，获取有关思想道德方面的知识，从而塑造自己的政治态度、信仰和情感。这两项活动在思想政治教育的过程中相辅相成、相互关联，紧密融合在一起。

（2）文化选择

思想政治教育在文化传播方面的作用并非简单地照搬现有文化，而是不断选择的过程，包括对文化的精选与吸纳、抛弃和拒绝。通过这个过程，可以创建一个连续不断的发展体系，承接历史、现在和未来，并构建东西方文化之间的纽带，推动文化的发展，促进社会的进步。文化选择过程中，思想政治教育的作用体现在具有批判意识的选择方面，需要对中华民族传统文化进行深入的理解与审视，以更好地吸纳其中的价值，并进行必要的改进。同时，也需要合理地借鉴和吸收西方文化，并对其进行批判性检验和改良。最终，需要更好地引导学生在文化交流中做出准确的选择，以加强他们对文化的认识。

（3）文化创新

随着科学技术飞速发展，世界范围内的文化交流日益加强，各民族文化的联系愈加紧密，竞争也越来越激烈。要提高中华民族文化的竞争力，使民族文化与时俱进，保持强劲的发展势头，就必须培养一大批具有文化创新能力的人才，而这正是当代思想政治教育的重要责任。思想政治教育通过培养具有创新精神和创造能力的人才，有力地推动文化的创新。同时，在文化传播的过程中，思想政治教育通过整合政治文化、思想文化，并采用最合适的方式传达，推进文化的创新和创造。由此可以看出，文化创新受到思想政治教育的影响。

对于思想政治教育的功能，我们需要从个人和社会两个角度来分析，这样才能更加全面深入地理解其意义和价值。个人功能的实现需要考虑到社会性功能的影响，同样，社会性功能的实现也必须依赖于个体功能的发挥。因此应使两者有机统一起来，从而最大限度地发挥思想政治教育的功能。

三、大学生思想政治教育的内容

（一）社会主义核心价值观的培养

社会主义核心价值观作为一种被广泛认同的社会价值体系，不仅是社会主义思想的核心，也作为日常行为的准则被人们普遍接受。强调大学生社会主义核心价值观的普及不仅是党的主要举措，也是思想政治教育极为重要的组成部分。大学生是国家未来发展以及接受社会主义核心价值观教育的主体。社会主义核心价值观教育鼓励学生刻苦学习、培养高尚的道德标准、树立正确的价值观念、具备识别真伪的能力，同时在实践中不断完善自我。大学生应该努力达到相应的标准，并在未来积极参与国家和社会的建设。

（二）传统文化的继承和发扬

我国的传统文化是本土文化经过千百年历史发展和深入融合而形成的，代表了我们国家和民族的精神气质和思想传承。中华民族拥有几千年的历史文化积淀，这些文化是我们的根基，应该被传承下去并继续发扬光大。在大学教育实践中，思想政治教育一定不能脱离传统文化的教育，要让大学生在了解中华文化的基础上实现更好的传承。在对传统文化的继承和发扬过程中，我们需要持续地继承、批判和创新中华优秀传统文化，让它在当代年轻人的心中扎根，融入他们的气质和处事理念，让这些传统文化能够在新的时代焕发新的生命力，展现全新的魅力。

（三）爱国主义情怀的培养

爱国主义教育具有重大意义，它是保障国家稳定、推动历史进步的强大精神力量，体现了热爱祖国、报效祖国、忠诚于祖国的一体化思想、意志和情感。大学所进行的爱国主义教育主要涉及党的历史和现状、国家的历史和现状等方面的基本知识，并包含有关国家安全的教育，如民族团结和国家统一等。在新的历史时期，爱国主义教育的目标是持续不断地培养大学生的爱国情怀，增强他们对祖国的归属感和认同感。教育学生热爱祖国，培养他们的爱国主义情感，不仅有助于他们个人的成长，而且也关乎国家未来的前途和命运。只有通过爱国主义教育，国家才能够获得稳固的精神基石，确保未来的稳定和发展。

（四）理想信念的树立

在思想政治教育中，帮助学生建立理想信念是一项不可或缺的教育任务。正是因为我们党具有对共产主义的坚定信仰，所以能够战胜一个又一个的困难，从而取得革命、建设和改革的成功，这意味着我们的国家具备了灵活应对各种挑战的能力，能够妥善应对困难和问题，从而实现国家的稳步前进和可持续发展。为了承担国家未来发展的重任并追求正确的方向，大学生需要树立稳定而正确的理想信念。作为国家未来发展的中坚力量，大学生的作用至关重要，他们的表现间接影响着中华民族伟大复兴的实现。

（五）世界观的培养

大学教育对大学生世界观的培养非常关键，因为大学阶段大学生的世界观正在形成，因此，应该以思想政治教育理论为基础来塑造他们的世界观。我国普通高等院校在思想政治教育方面强调的是以马克思主义科学理论为基础的世界观教育，这个理论框架继承了辩证唯物主义、马克思主义的认识论以及历史唯物主义的哲学基本原则和方法，并融入了马克思主义中国化的具体实践。

第二节　大学生思想政治教育现状

加强和改进大学生思想政治教育工作是一项贯穿于中华民族伟大复兴事业的战略任务。由于国内外形势的深刻变化，需要加强大学生的思想政治教育工作，这种转变给大学生思想政治教育带来了巨大的挑战。当前，不少大学生面临着西方文化和价值观的影响，同时还有一些过时、落后的生活方式对他们产生的不可忽视的影响。随着文化交流的增加，大学生的思想趋向积极、健康、向上。然而，他们的思想活动也呈现出越来越多样、独立的特点，并逐渐受到不同文化的影响。部分大学生存在着不同程度的问题，如对理想信念的认知不够明确、价值观存在一定偏差、道德素养和自我控制能力有待提高、对成长目标缺乏坚定信心、诚信观念淡漠、缺乏社会责任感、缺乏艰苦奋斗的精神、对团队协作意识理解不足、心理素质需要进一步提高等。

一、当代大学生的思想现状

（一）整体积极向好

大学生的智力水平高，思维活跃，对新事物的接受能力很强。他们的思想和行为方式深受时代的影响，具有鲜明的时代特色。当代大学生普遍具有积极、健康、向上的思想状况，主要表现在以下几个方面。

1. 热爱祖国，关心集体

现代大学生几乎都怀有浓烈的爱国情感，在突发事件发生时，他们的爱国热情会像强力的喷泉般迸发出来。大部分大学生怀揣着远大的抱负，努力追求进步，重视学识和职业素养的提升，他们渴望在取得学习成果后能够回馈祖国和人民，对我国的发展前景怀有乐观信念。他们非常关注国家和集体利益，特别是在恶劣的自然灾害发生时，许多大学生自发地向灾区捐钱、捐物、献血，这反映出他们关心集体并愿意贡献的美德。

2. 居安思危，具有责任感

许多大学生已经有了明确的职业发展目标，在大学期间制订了详细的计划，他们渴望进入更高层次的学府，学习多项技能并取得多种证书，提高个人实力。这群学生对自己的前途有着明确的追求和规划，具备自我管理意识和责任意识，既注重当下的稳定，又接受未来的不确定性，为自己的未来发展打下了牢固的基础。

3. 乐观向上，积极进取

当前大学生的思想状况呈现持续、稳定、健康发展的态势。积极向上、务实进取是大学生价值观的主流倾向，多数学生表示力求物质追求与精神追求统一、个人利益与社会利益兼顾、奉献与索取保持平衡。大学校园出现了入党、入团热，外语热，科研、辅修热，大学生奉献意识、竞争意识、参与意识显著增强，青年志愿者活动和团支部活动开展相当顺利。

（二）存在的思想问题

1. 理想信念不够坚定

一小部分大学生未树立远大理想，社会主义信念不够坚定，不知道自己身上肩负着社会主义建设者和接班人的重任。同时，他们没有树立正确的世界观、人生观和价值观，在学习和生活中个人利益考虑得较多，缺乏社会责任感和全心全意为人民服务的意识，得过且过，缺少积极向上的奋斗精神。他们在步入大学之后没有明确自己的个人目标，在高中时他们的目标是上大学，一旦上了大学，便失去了努力的方向，失去了奋斗目标。

2. 过度追求物质享受

随着物质条件的改善和社会发展，如今的大学生中，一些人的消费观念变得盲目且攀比心理强烈，生活方式奢侈浪费，不注重节俭。一味追求物质享受，不丰富自身的精神世界，必然会造成内心空虚，不利于自身发展。

3. 人际交往存在问题

在大学生活中，除了学业，建立积极的人际关系也同样重要。随着时间的推移，大学生的性格逐渐稳定和成熟，他们的观点独特，对各种问题有深刻的见解。但是受各种因素的影响，一些学生可能无法有效地参与实际活动，很难正确评估自己的表现，从而在合作交流中表现较差，存在心理障碍和不适应，表现出社交恐惧和抑郁等问题。此外，一些大学生还面临个人情感问题的困扰，难以妥善处理学习和恋爱、友情与爱情等多重问题。

二、大学生思想政治教育工作的特点

（一）开放性

大学生的社群是多样化的，而非单一的，他们接受的教育是多方面的，而不是仅限于一个方向。无论是开放的国门、快速的信息更新，还是数字化世界，都对充满好奇心的年轻大学生群体构成了强大的吸引力。大量的思想、观念、文化信息涌现，形形色色，各不相同，丰富多彩，包括但不限于学术、娱乐和经济各方面。年轻的大学生应当对这些异彩纷呈的思想、观念、文化信息进行仔细的比较和分析，以便能够自主地做出选择并排除其中无关紧要的内容。在开放的社会环境下，学校教师在进行思想政治教育时的权威地位遇到了挑战，虽然学校教育一直是学生教育的主要方式，但现在它已经不是学生获取信息和接受教育的唯一渠道，而只是学生自行筛选、比较、鉴别后的一种选择。

（二）主体性

青年人的成长是一个自我意识和需求逐渐增长的过程，他们比其他年龄段的人更加追求独立和自主。伴随着市场经济的发展，我们正在迎来一个知识经济的时代，科技的不断进步也极大地促进了生产力的发展，对人才给予高度重视和认可，强化了青年对自身价值的认知和自主意识的觉醒。现代年轻的大学生渴望实现自我价值和取得成功，他们应该摒弃盲目的模仿行为，追求真实的自我成长。人的内在需求推动了对自我价值的探索和追求，这种追求反映在个体逐渐成长和发展的过程中，表现为个体独立自主的能力。同时，这种追求也展现出大学生追求自立、自尊的道德意义，因此具有积极的进步意义。在今天这个对于个人发展、个人权利非常注重并提供足够自由度的社会中，大学生在思考和观察问题时通常倾向于持有批判和与众不同的态度。在当前大学的思想政治教育中，大学生自我意识十分强烈，因此如何引导他们接受社会主流价值观教育，并且让他们真正认同和信服，对大学教育工作者而言是一个新的挑战。

（三）差异性

大学生来自全国各地，他们汇聚在学校里，形成了一个多元化群体。学生的差异性是学生生长环境的差异导致的。大学思想政治工作面临着一个新的问题，那就是如何在认识到学生存在个性差异和特点的基础上，实现理想的思想政治教育效果。大学生思想政治教育呈现出了开放、自主、多元的特点，并且大学生具有非常强的可塑性。我国正处于经济体制改革、经济发展、政治体制改革、科学文化繁荣、人们生活水平提高的大趋势之中，这些趋势对于引导大学生形成健康的价值观具有积极作用。大学生具有积极进取的特点，随着历史进步的潮流一起前进，从而推动自身的价值观朝着健康的方向发展。只有大学的思想政治教育工作坚持正确的指引，增强教育的实用性、针对性和科学性，才能使大学生受益良多。

第三节　大学生思想政治教育原则、方法及理念

一、大学生思想政治教育的原则

大学生思想政治教育原则是在大学生思想政治教育的实践中形成的，贯穿大学生思想政治教育全过程，是开展大学生思想政治教育活动必须遵循的具体指导思想和基本要求。新时期大学生思想政治教育只有在实践中坚持思想政治教育原则，才能不断提高大学生思想政治教育的针对性和实效性。

（一）方向性原则

方向性原则是指大学生思想政治教育应随时与社会的进步相一致，坚持正确的政治方向。现阶段，方向性原则就是强调大学生思想政治教育必须坚定社会主义和共产主义方向，严格遵循党的主要政治路线，保持与中国共产党的宗旨和纲领一致。大学生思想政治教育活动中，遵循方向性原则至关重要，是不可或缺的。只有坚持这个原则，才能确保思想政治教育保持其固有的特性。只有遵循方向性原则才能达到统一大学生思想和行为的目的，最大限度地发挥思想政治教育的作用。方向性原则是实现思想政治教育价值的基本前提，必不可少。为了评估思想政治教育是否有效，需要查看教育目标的实现情况以及对执行方针的遵循程度。

要在大学生思想政治教育过程中坚持社会主义方向，首先，必须始终坚持将马克思列宁主义、毛泽东思想和中国特色社会主义理论体系作为思想政治教育的指导思想。其次，提高贯彻思想政治教育方向性原则的自觉性，以培育"四有"新人为目标的大学生思想政治教育更要始终坚持这一点。要使大学生思想政治教育工作者认识到，坚持思想政治教育的共产主义方向是有效开展大学生思想政治教育活动的根本保证，因而在实际工作中要自觉运用这一原则，将其精神贯穿于具体的思想政治教育活动中。同时，也要帮助大学生认识到，坚持正确的政治方向，有利于个人的全面发展，有利于德与才的统一，从而使其坚定地向共产主义方向前进。最后，贯彻方向性原则必须讲究科学性。要很好地贯彻方向性原则，就必须将坚定的原则性与方法的灵活性结合起来，努力使大学生思想政治教育自

然地渗透到社会生活的方方面面，从而对大学生产生潜移默化的影响。要努力探寻方向性原则与思想政治教育具体目标之间的契合点，并以方向性原则统摄各项具体目标，使其成为大学生思想政治教育的灵魂。

（二）求实原则

求实原则代表了一种以科学为基础的工作态度。思想政治教育是通过实际行动来改变思想观念的，因此只有使用真实可行的教育方法才能取得良好的教育效果，华而不实和不切实际的教育方法是无效的。大学生思想政治教育的一个显著特点是具有目标导向性。为了实现目标，教育工作者必须遵循实事求是的原则。在进行大学生思想政治教育时，教师应综合考虑当前社会发展状况以及学生的个人思想状况，运用马克思主义基本理论对社会和学生的思想问题进行深入的分析和解释，以此来找出解决问题的基本规律，并将其应用于大学生思想政治教育。

所谓理论联系实际，包含以下两层含义。

第一，一定要掌握大学生思想政治教育的相关理论。大学生思想政治教育理论是进行大学生思想政治教育工作的重要指导，能为相关工作提供有效的方法。因此，教育工作者必须全面地、系统地、准确地掌握大学生思想政治教育理论。

第二，一定要从实际出发，实事求是。理论只有面向实践、指导实践、接受实践检验并随实践发展，才富有强大的生命力。

要做到理论和实际相结合，必须坚持实事求是。大学生思想政治教育一定要坚持和发扬理论和实际相结合的原则和作风，反对理论和实际相脱离的错误倾向。

求实原则的贯彻实施要做到以下三点。

第一，自觉学习马克思主义理论。马克思列宁主义、毛泽东思想、中国特色社会主义理论体系是认识世界、改造世界的强大思想武器，加强对马克思主义理论的学习有助于树立科学的世界观、人生观和价值观，抵制错误的思想。因此，教育工作者要自觉加强对马克思主义理论的学习。

第二，要一切从实际出发。一切从实际出发就是要坚持主观与客观、主体与客体的统一，按照实际情况制定不同的工作计划和目标，选择恰当的方法。

第三，按照正确解决问题的步骤办事。为了在大学生思想政治教育工作中坚持求实原则，就必须按照及时发现问题、确实弄清问题、正确解决问题的三个步骤办事。

①要做到及时发现问题，就要善于调查研究，准确观察和分析问题，正视矛盾，不回避矛盾。发现思想问题贵在及时，这样就能掌握思想教育的主动权。

②要做到确实弄清问题，是指发现工作中存在的实际问题后要善于分析、研究和核实，抓住问题的核心，不被假象所蒙蔽。

③要做到正确解决问题，是指在弄清实际问题后及时联系相关人员，运用相关理论，实事求是地解决问题。

（三）民主原则

民主原则是指在大学生思想政治教育中，尊重学生的主体性地位，尊重其人格和民主权利，创造条件让大学生充分发表自己的意见并加以正确的引导。民主的实质是平等。大学生思想政治教育中的民主就是教师与学生双方在充分尊重对方的人格和民主权利的前提下，创造条件让双方充分表达自己的思想和意见，并在此基础上正确处理相关问题，共同完成大学生思想政治教育的任务。大学生思想政治教育并不能直接作用于人的行为，而是先通过教育对象错综复杂的心理品质作用于人的意识，转而影响其行为。作为教育对象的大学生一般属于青年，他们的自我意识已经日渐成熟，对自己以及身边人的关系开始有了独立的认识和评价，较少盲从，主体意识明显。因此，大学生思想政治教育的效果在很大程度上取决于大学生对教育内容关心、思考和理解的积极性和主动性是否被调动起来以及被调动的程度。因此大学生思想政治教育必须坚持民主性原则，突出学生的主体地位，学生与教师以平等的态度交流思想，互相尊重，创造民主、平等、和谐、生动、活泼的教育环境。

民主原则的贯彻实施要做到以下两点。

第一，尊重、关心、理解。尊重，就是要尊重大学生，尊重他们的主人翁地位，尊重他们的人格及宪法赋予他们的各种民主权利，从而充分调动、引导和提高大学生对社会主义物质文明建设和精神文明建设的积极性、创造性。关心，即要求大学生思想政治教育工作者要多关注、爱护、帮助大学生，在政治上关心他们的成长，学习上关心他们的进步，生活上关心他们的困苦，使大学生感受到温暖。理解，就是要理解大学生的具体处境和个性，承认大学生在性格、兴趣等方面的差异，开展差异性教育。

第二，民主原则要与严格要求相结合。要坚持严格管理，不能践踏大学生的人格尊严、漠视大学生的情感、无视大学生的实际需要，要把严格要求同尊重人、关心人、理解人有机统一起来，使大学生思想政治教育处于活跃的状态，以激发大学生建设中国特色社会主义的巨大热情。要把尊重人、关心人、理解人与严格管理结合起来，尊重人、关心人、理解人绝不是不讲原则、放松管理，绝不是迁就不合理的要求、容忍不守纪律的行为或奉行"好人主义"。

总之，尊重人、关心人、理解人是相互联系、相互渗透的统一体，是思想政治教育的优良传统，也是思想政治教育民主原则的要求。它要求大学生思想政治教育工作者必须以诚相待、以诚动人、以理服人、以情感人，只有这样才能振奋人心、激发热情，使大学生思想政治教育更富凝聚力和吸引力。

（四）教书与育人相结合原则

教书与育人相结合原则是大学生思想政治教育工作的一项基本原则。所谓教书与育人相结合，是指教师在教学过程中通过各种教学活动和各个教学环节，全面提高学生的素质和能力。教书与育人相结合原则的贯彻实施要做到以下两点。

1. 寓思想教育于教学之中

教书育人，教学是基础，育人是关键。我们要把思想教育工作渗透到教学的各个环节中去，把传道、授业、解惑结合起来。这就要求教师在传授知识的过程中要注意发挥和挖掘教材的思想性、知识性和趣味性，有机地结合社会实际和大学生思想实际，调动大学生的学习积极性，帮助大学生处理好德育与智育的关系，把思想政治教育工作渗透到大学生的各项学习活动之中，使他们热爱学习，精于专业，从而达到思想政治教育的目的。

2. 把握思想政治教育和学习活动的辩证关系

教书与育人是相互联系、相互促进的。无论是教授自然科学还是社会科学的教师，都要结合教材特点，加强对学生的全面教育和培养，自觉做到教书育人，发挥思想政治教育对大学生学习活动的方向引导作用和内在激励作用。但不能因此过分突出思想政治工作，过多增加思想政治教育时间，反而削弱了大学生专业知识的学习效果，搞"突出政治"的做法势必影响大学生的全面发展。因此，要教好书、育好人，就要正确把握大学生思想政治教育和专业知识学习相结合的程度、方式，以利于大学生思想政治教育工作作用的发挥和大学生的全面发展。

（五）思想政治教育理论与社会实践相结合原则

在思想政治教育中既要注重理论教育，又要注重实践教育，强调行为养成，实现知行统一。理论教育是思想政治教育工作的基础环节，要增强对大学生理论教育的效果，就要从不断改进学习的方式和载体入手，要生动活泼，讲求效果，要入情入理，用事实来教育大家，通过相应的图片和影像宣传思想理论，通过大家喜闻乐见、愿意接受的活动形式宣传思想理论，提高大学生的马克思主义基本理论水平，尤其要增强大学生对习近平新时代中国特色社会主义思想理论的深刻认知与掌握。理论来自实践又指导实践，只有在实践中才能充分表现出其价值与魅力。通过组织大学生参加社会实践活动，能进一步加深大学生对理论的认识，巩固和强化理论教育的成果，真正提高大学生的思想觉悟和认识能力。

（六）灵活变通原则

大学思想政治教育应当在目标和内容的规定性和过程方法的灵活性之间寻求平衡，以达到更好的教育效果。大学生思想政治教育过程中，教师需要与学生进行深入的思想和情感交流，以正确的思想观念和真挚的情感感染和引导他们。考虑到学生的思想和情感十分复杂，因此教师在实施思想政治教育时必须避免单一、固执、过于简略的做法，必须基于大学生的实际思想和个性特质灵活地选择教育环境和教育方法。大学生思想政治教育需要灵活变通，教师应随着时代和教育任务的变化，顺应大学生求新求变的思潮，解放思想，及时跟进时代发展的步伐，不断创新思想政治教育方式，探索教育新规律。

（七）差异性原则

在高等教育中推行思想政治教育，首先必须接受学生思想和认知水平的差异，这是实现有效教育的基础。从事思想政治教育时，教师应以大学生的实际思想为出发点，紧密结合学生的实际情况展开活动。教师需要深入了解学生，了解学生的认知水平，有针对性地进行教学，以便取得更好的教育效果。教师应该考虑到大学生思维层次的差异，教学方法因人而异、因层次而异。教师应在深入理解学生总体思维状况的基础上，考虑不同学生所处的不同学习层次，采用个性化的教育方法，以增强教学效果并实现预期的教育目标。

（八）尊重爱护原则

在大学开展思想政治教育时，应当秉持尊重和关爱的原则，即要求教师尊重学生的主体地位，从爱护关心的角度出发激发学生的积极性，引导他们主动参与思想交流，不断提高自身的思想认识水平。为了有效地开展思想政治教育活动，教师首先需要内化以尊重和爱护学生为前提的指导思想，以便与学生进行互动。思想政治教育旨在通过人类精神活动帮助教育对象在政治态度、思想道德、人生价值等方面形成符合社会主流的个人意识。换句话说，其目的是让人们认同社会价值观并树立正确的个人观念。教师应该意识到学生都是独立的个体，拥有不同的性格和人格，因此应该尊重他们的权利和自由，并给予他们应有的尊重。为了建立良好的互动关系，教师和学生之间应该以平等、友好的方式进行交流，教师要用心去感受学生的情感变化，以达到互相尊重、交流、学习、共同进步的效果。教师只有以真诚的态度和平等的姿态对待学生，并真正尊重和爱护他们，才能成功地实现思想政治教育的目标。

二、大学生思想政治教育的方法

（一）大学生思想政治教育的过程方法

1. 过程方法内涵

组织要想有效运行，就必须对许多相互关联和相互作用的过程进行识别和管理。通常，过程是连续不断的，一个过程的输出将直接成为下一个过程的输入，从而形成过程链，运用这一管理手段能有效提高组织的竞争力。

每个过程都有输入，输出便是过程的结果。任一组织的存在都是为了实现其不同的效益（包括经济效益和社会效益），这些效益是通过过程网络来完成的。组织的网络结构通常都是错综复杂的，包括许多要执行的职能，如策划、宣传、推广、设计、实施、总结、改进、再循环等。所有的事情要想做好，都应该这样循环往复。

事物由主要矛盾与次要矛盾构成，包含矛盾的主要方面和次要方面。过程方法要求我们首先确定所有过程中的主要过程，然后确定过程之间的"接口"、过程与过程之间的关系等。

一个组织要想取得理想的效果，就应该按照过程方法建立一个质量管理体系，通过运用过程方法使组织以最高效的方式实现目标。过程方法质量管理体系要求组织首先确定实现目标所需要的过程，然后了解体系内各个过程的内在依赖关系，关注并确定体系内特定过程如何运作，最后通过测量和评价持续改进体系的有效性。

2. 过程方法的应用

过程方法要求组织处理所有过程都运用"PDCA"的方法。

"P"指"策划"。根据顾客的要求和组织的方针建立目标，确定过程方法和准则，以及过程所需要的资源等，这里的顾客是指接受产品或服务的组织或个人，是个广义的概念。

"D"指"做"。这里指实施过程，即按照计划所建立的过程和目标，依据过程方法和准则，借助所提供的资源实施计划的过程。

"C"指"检查"。根据计划，对过程进行监控和测量，并随时报告监控和测量结果。

"A"指"处理"。采取措施改进过程，即依据监控和测量的结果采取处理和预防措施。

在大学生思想政治教育中运用"PDCA"过程管理方法的具体做法如下。

第一，制定和实施学校管理战略。这里涉及的是制定和实施什么样的学校管理战略的问题，也就是设计教育教学工作组合与运作形式。

战略的实施离不开战术，管理战略目标离不开管理手段。管理战略计划全面反映了管理战略目标和管理手段。学校的教育目标决定了教育实践的方向，因此称为学校的管理战略目标。学校教育计划是学校管理（战略）计划的主要组成部分，因此可以将其视为狭义上的学校管理计划。当学校制定管理战略时，必须考虑如下三个因素：一是法律法规，即宪法、教育基本法、学校教育法、教学大纲以及各级政府有关教育的方针、法规等；二是社会的需要，即社会对教育的期望、要求；三是学校的实际条件，即每个学校的特殊情况。这大体包括四个方面：其一，教师队伍的教育观、教学观、教师观、学生观，以及对教育改革的态度等；其二，学校的学习环境、信息环境，以及教风、学风、学校文化等；其三，学生的学习态度和作风、学习情况、生活状况以及学生的个性与特长；其四，当地社会的特性及学校与当地社会的联系情况。以上四个方面都不是孤立存在的，而是有机组合的。简言之，学校制定管理战略时要以教育法律法规为背景，立足于学校实际情况，尽力满足社会、政府、家长等提出的各种要求。

学校制定管理战略要有认真研究问题和敢于创新的基本态度，要抛弃保守和安于现状的消极态度。学校的自主性、开放性体现在不断地提出问题、研究问题、解决问题以及开创新的办学路径等方面。

第二，实施管理战略。教育管理过程（或者教育工作过程）大体上可简化为目标—计划—实施—评价过程。战略目标（教育目标）实现的过程也无异于此。提高大家对学校教育目标的共识，即做到学校教育目标广为人知，成为全体教职工以及学生的行动目标。把学校教育目标具体化，让学校教育目标成为可操作的实践指标，教师结合自己的工作实际把学校教育目标分解成自己的工作目标，这是学校教育目标的具体化，是实现目标必不可少的步骤。

第三，加强对学校教育目标完成度的评估。这一部分可以分为两个步骤来完成，首先在计划实施过程中对计划实施的进度和质量进行跟踪评估，然后待计划完成后对整个计划的完成情况进行评估，通过研究分析找出计划的不足之处加以改进。学校的教育管理计划只有经过策划—实施—评估—改进的循环过程，才能更好地修正和完善。学校管理过程就本身而言是封闭的，通过以上几个环节不断循环，周而复始。但是这种循环不是简单地由前一个环节直接进入后一个环节，各环节之间是有反馈回路的，这样才能不断提升工作实际效果，不断实现更高层次的目标，不断制定、发展、完善新的管理战略来适应社会对学校越来越高的要求。

（二）大学生思想政治教育的系统方法

大学生思想政治教育工作是系统工程而非单项工作，其中的各个环节是相互联系的，是一个非常复杂的系统。

1. 系统方法概述

（1）系统方法的内涵

系统方法强调整体与部分、结构与功能、系统与环境、功能与目标之间关系的处理，以整体为出发点，旨在找到能够在不影响整体优势的同时最大限度减少损失的方案，从而实现整体的最优化。系统方法强调将事物的对象和过程视为一个紧密相连的整体，各组成部分之间的相互作用与联系不可忽略，力求将整体以形式化的方式加以处理。系统方法所考虑的对象都是由具有多种关联、相互交错的网络模型组成的。在运用系统方法时，我们需要通过科学的方式对模型进行组织，以更加准确地反映现实世界。

（2）系统方法的基本特点

相对于传统方法，系统方法有自己的特点，这些特点是进行大学生思想政治教育时应该秉持的准则。

第一，动态性。一般而言，任何现实系统都是动态的，也可以称为活跃的系统。尽管科学研究中通常使用抽象的孤立系统或闭合系统，但实际存在的系统在其内部的各个元素（或子系统）之间，以及内部与外部环境之间都存在物质、能量和信息的交换和流动。实际上所有的系统都是具有生命力的系统，系统方法也因此具有动态性。

第二，整体性。系统方法的核心在于全面考虑。从系统论的角度来看，系统是一个由诸多组成要素构成的有机整体。系统的总体性质和规律取决于组成系统的各个部分之间的相互作用和相互联系，而非仅仅由单个部分性质和行为的简单相加决定，我们可以说"整体大于部分之和"。因此，在研究系统时需要采用全局的方法，通过分析整体来深入了解部分之间的相互作用，以加深对整体的理解，同时也需要注重对部分的分析。

第三，模型化。在应用系统方法时需要将真实系统建立模型，即对真实系统进行抽象处理，可以采用物理模型、概念模型、数学模型、符号系统模型或其他形式的模型进行处理。复杂系统需要分析后采用模糊方法来建立系统模型，对系统的简化也应该在适当程度上进行，建立系统模型后便可以使用计算机进行系统仿真实验。应用系统方法时遵循模型化原则通常能够确保结果的最优化。

第四，综合性。考虑到综合性的要求，我们应该将所有的对象视为由不同的要素组成的综合体，这就要求我们必须从不同的角度对这个对象进行全面的研究。研究角度包括对象的成分、结构、功能、联系方式以及历史发展等。综合性是系统方法最显著的特征之一。系统方法不仅打破了传统方法的局限，还采用了综合分析的方法。根据综合性原则，我们不能仅凭借某种方法来处理问题，而需要运用各种方法和知识，包括社会科学、自然科学和工程技术等多个领域的知识和技术来解决问题。系统方法的多用途性在于既可以用作认知工具，也可以用作解决问题的工具。这个方法不仅可用于定性研究，还可以用于定量研究，既可以用作考察历史和现状的工具，也能作为预测未来的手段。

第五，最优化。优化是指运用科学的计算方法，从系统的要素、结构以及与环境的关系等角度，提出多种实现系统目标的方案，然后从中选择最佳的控制和管理方式，以达到最优的效果。一般情况下，并没有绝对的最优解，只有相对更优的解法。系统通常拥有多个不同的目标，有些目标甚至是相互对立的，在这种对立的系统中寻找整个系统的最优目标非常具有挑战性。

综合而言，系统方法的基本特点包括动态性、整体性、模型化、综合性和最优化，这些特点也是运用系统方法的基本原则。前两项是基础，第三项是目标，后两项是达成目标的方法。广泛采用系统方法不仅带来了自然科学、社会科学、应用技术、管理科学等方面的新进展，还引发了人们思维方式的转变。

2. 系统方法的价值

（1）可以有效地认识、调控、改造复杂的系统

系统方法放弃了传统简单的方法，所得到的结果更加复杂。在 20 世纪 30 年代以前，研究复杂事物和复杂过程的主要方法是实体的分析和组合。实际上，事物和现象是相当复杂的，它们是由众多相互关联的部分组成的，因此处理它们需要运用系统化的思维方式，系统方法提供了克服这一难题的有效手段。

（2）可以提供制定最佳方案的手段

系统方法是一种工具，可以帮助人们制定最优方案，进行组合和优化管理。利用系统方法，人们可以在认知自然和改良自然以及认知社会和改良社会的过程中寻找到最佳方案，有效地管理和组织资源，以实现效益最大化，同时将成本最小化。

运用系统方法识别、理解和管理相互关联的过程，能够帮助学校更有效地实

现目标。大学生思想政治教育的不同阶段相互联系、相互交织，同时也会以不同的方式影响大学生思想政治教育的质量。为了确保大学生思想政治教育能够成功达成预定目标，需要建立一个系统化的管理体系，对所有过程进行控制。利用系统方法能够有效地管理和监督每个环节，能够提升大学生思想政治教育的效果，让教育取得更为显著的成果。

（3）可以提供新思维

系统方法突破了只侧重分析的传统方法的束缚，指导人们从总体上进行思考，探索科学技术发展的新思路，建立综合学科和交叉学科，促进自然科学与社会科学的统一，帮助人们打破科学文化的界限，建立统一的科学文化图景，建立系统的自然观、科学观、方法论和系统的人类社会图景，防止思维的狭隘和偏激。因此，系统方法对于当代大学生思想政治教育来说具有重要的指导意义。

3. 系统方法在大学生思想政治教育管理中的应用原则

通过以上的分析不难看出，系统方法适用于具有高度综合性和动态性的大学生思想政治教育，而且系统方法的基本原则与大学生思想政治教育的特点在许多方面吻合。大学生思想政治教育工作需要坚持的原则有很多，这里介绍系统方法在大学生思想政治教育管理中的应用原则，主要有以下几个方面。

（1）有序性原则

系统的运作都是秩序井然、有条不紊、按等级和层次进行的。而为这种有序性提供保障的就是系统结构，因此只要把握了系统的有序性，也就把握了系统的结构。大学生思想政治教育是非常复杂的，但绝对不是杂乱无章的，而是有秩序、有规律的。大学生思想政治教育各要素的关系通过这一原则得以揭示，这就实现了思想政治教育工作的进一步科学化。

（2）整体性原则

系统方法的核心在于整体性原则。系统具有超越各个组成部分简单相加所得的综合功能，以及在孤立状态下所具有的整体特性。在系统方法中，运用整体性原则的关键在于确保以整体目标为导向，通过研究各部分之间的相互影响和制约关系实现整体的最佳状态，这是整体性原则的本质。大学生思想政治教育是一个复杂的体系，包括多种因素及其相互作用，涉及的范围非常广泛。因此，学校在进行思想政治工作研究时应该以整体性为原则，并将个体、家庭、社会等因素纳入考虑范围，深入剖析问题的本质，思考可应用的举措，提高政策的前瞻性。

（3）动态性原则

大学生思想政治教育是一个动态的系统，因为大学生思想政治教育工作的对象是不断发展变化的人，是受周围环境影响的人，是处在生长发育阶段的人。随着对思想政治教育规律认知的加深，思想政治教育对学生的影响将变得更为深刻。随着思想政治教育工作者的不断探索和发展，大学生思想政治教育工作的规律也在不断地动态调整。为了确保思想政治工作与客观规律相符，学校需要从动态的视角来看待这一过程。因此，采用动态原则能够让学校在开展思想政治教育工作的过程中灵活应对各种要素的变化，合理地协调它们之间的关系，避免元素间的不良组合，从而实现动态平衡。

三、大学生思想政治教育的理念

加强大学生思想政治教育理念的研究，是加强大学生思想政治教育理论研究针对性、系统性和创新性的需要。现代社会对大学生思想政治教育工作不断提出更高的要求，只有适应新形势和新任务的需要，不断创新教育理念，与时代的脉搏一起跳动，大学生思想政治教育才能具有强大的生机与活力，发挥更大的作用。

（一）和谐发展的理念

和谐是社会主义社会的基本特征，同时也是人类所追求的理想状态。为倡导互谅互让的思想价值，最基本的举措就是弘扬和培养和谐文化。和谐文化以培养、实践和传承和谐理念为主要内容，将思想观念、信仰理念、价值体系、思维方式、行为规范、制度体系等融为一体，形成了以和谐发展理念为核心的文化模式。

1. 中国传统文化中的和谐思想

（1）儒家的和谐思想

①以"礼"为制度的社会和谐思想。春秋战国时期被称为中国思想的"元典时代"[①]，对后世产生重大影响的思想经典都出自这一时期，特别是以孔子为代表的儒家思想。

"礼"在儒家思想，尤其是在孔子的思想中占有十分重要的地位。孔子所推

---

① 施惟达，胡正鹏.和谐文化建设论 [M].昆明：云南大学出版社，2008.

崇和憧憬的周代社会被描绘为一个尊卑有别、长幼有序、各安其分的和谐社会。而春秋乱世的特点就是"不和",其根源在于"礼崩乐坏",当然,更深的原因则在于人(特别是当权者)的私欲和不仁。所以孔子主张"克己复礼",要仿效周代建立一个礼让有序的和谐社会。

礼的外在表现就是仪式和制度。作为仪式和制度,礼的意义在于"别",即把不同的群体通过礼的形式区别开来。礼的内在实质是一种"君君臣臣、父父子子"的封建等级秩序,是通过外在的仪式和制度来实现这种等级秩序的。因此孔子说:"礼云礼云,玉帛云乎哉?"①而礼的最终目的则是实现社会的有序和谐。有子曰:"礼之用,和为贵。先王之道,斯为美。小大由之,有所不行,知和而和,不以礼节之,亦不可行也。"②在儒家看来,君子和而不同,小人同而不和。社会不能靠取消差别来实现和谐。

②以"仁"为核心的道德和谐思想。人是有区别的,这种区别不是一种基于平等的区别,而是当时社会规定的高低贵贱、尊卑富贫的等级基础上的区别,为使低贱者安、卑贫者乐,孔子提出了"仁"。仁就是有爱人之心、爱人之举。仁者爱人,当然这种"爱"不是博爱,而是有区别的"仁爱"。所谓"爱有差等",这种有差别的爱表现在语言上就是君明臣忠、父慈子孝、兄友弟恭、夫敬妻贤等,其基本价值理念是处于上位的君王、长者、尊者对处于下位的臣民、少者、卑者要体恤,要给予他们最基本的生存条件,不能一味夺取。孟子"使民以时""节用而爱人"中的"民本"或"人本"思想,其含义正在于此。

③以"修身"为要务的精神和谐思想。修身的关键是"克己",也就是说做人要节制自己的欲望情感,节制欲望情感并非泯灭欲望情感,而是把欲望情感控制在合理的范围内。"喜怒哀乐之未发,谓之中;发而皆中节,谓之和。中也者,天下之大本也;和也者,天下之达道也。致中和,天地位焉,万物育焉。"③"富与贵是人之所欲也。"④"富而可求也,虽执鞭之士,吾亦为之。"⑤儒家学说是人世的、积极的、现实的学说,就在于儒家学说正视人的现实的、合理的需求和欲望,只

① 朱祖延. 引用语大辞典 [M]. 武汉:武汉出版社,2000.
② 曹书文. 论语语境 [M]. 北京:中国经济出版社,2022.
③ 马少毅. 国学读本 [M]. 徐州:中国矿业大学出版社,2018.
④ 蔡希勤. 孔子说 [M]. 北京:华语教学出版社,2006.
⑤ 李程. 传统文化精神与大学生思政教育 [M]. 北京:光明日报出版社,2013.

不过要通过道德修养来规范这些需求和欲望。在孔子那里，天理（其实是社会的普遍要求）和人欲是可以统一，应该统一的，即所谓"从心所欲不逾矩"。不过程朱理学却把这二者对立起来，演变成要"存天理，灭人欲"，走入了死胡同。但总的说来，孔孟思想中以"克己修身"为要务的道德方法是为了达到人的精神和谐，从而在根本上保证了社会的和谐。

（2）道家的和谐思想

在中国传统的和谐思想中，道家追求的是人与自然的和谐、人类万物的和谐，是"天人合一"。道家思想和儒家思想成为影响中华传统文化形成的最主要思想。而道家思想和儒家思想被后人不断地结合和实践，构成了整个中华传统文化发展的精髓和脉络。

①绝圣去智，回归人性和谐。在面对分崩离析、纷争不断、生灵涂炭的社会现实时，以老子、庄子为代表的道家思想认为，其根源在于人类的知识化、智力化。在所谓圣人的教导下，人变得聪明了，于是就有了更多的欲望野心，更多的阴谋诡计。因此，要平息社会的纷争，恢复社会的平静和谐，只有把这些后天的社会化的因素去掉，回到人类初期的混沌状态，回到人的自然本性。老子说："挫其锐，解其纷，和其光，同其尘。"① 庄子说："夫赫胥氏之时，民居不知所为，行不知所之，含哺而熙，鼓腹而游。民能以此矣！及至圣人，屈折礼乐以匡天下之形，县跂仁义以慰天下之心，而民乃始踶跂好知，争归于利，不可止也。此亦圣人之过也。"② "故绝圣弃知，大盗乃止；摘玉毁珠，小盗不起；焚符破玺，而民朴鄙；掊斗折衡，而民不争；殚残天下之圣法，而民始可与论议。擢乱六律，铄绝竽瑟，塞瞽旷之耳，而天下始人含其聪矣；灭文章，散五采，胶离朱之目，而天下始人含其明矣。毁绝钩绳，而弃规矩，攦工倕之指，而天下始人含其巧矣。"③

②封闭自给，回归社会和谐。老子看到天下纷争常常是在一个大的社会环境中所发生的，如国与国之间、诸侯与诸侯之间，甚至是村社与村社之间，因此，道家所向往的理想的和谐社会是封闭自给的小型社会。"小国寡民""鸡犬之声相闻，民至老死不相往来"给人们描绘了一个人与人之间"无欲""无为""无争"，

---

① 边少崇. 智解道德经 [M]. 呼和浩特：内蒙古人民出版社，2021.

② 郎擎霄. 庄子哲学 [M]. 北京：北京理工大学出版社，2020.

③ 施惟达，胡正鹏. 和谐文化建设论 [M]. 昆明：云南大学出版社，2008.

彼此和谐相处，宽大为怀，人人"甘其食，美其服，安其居，乐其俗"的理想社会。

③天人合一，回归自然和谐。老子提出："人法地，地法天，天法道，道法自然。"道家认为，人需要和自然界达成和谐一致，即"天地与我并生，而万物与我为一"的境界。"故至德之世，其行填填，其视颠颠。当是时也，山无蹊隧，泽无舟梁；万物群生，连属其乡；禽兽成群，草木遂长。是故禽兽可系羁而游，鸟鹊之巢可攀援而窥。夫至德之世，同与禽兽居，族与万物并。恶乎知君子小人哉！"①老子和庄子所憧憬的和谐社会是人类与自然的完全融洽，是整个宇宙的和谐。以此为基点，道家特别注重个人身心或者形神之间的关系，并希望通过体验的方式找到人和自然最为契合的境界。

2. 用和谐发展的理念指导大学生思想政治教育

和谐社会是指民主法治、公平正义、诚信友爱、安定有序、人与自然和谐相处、充满活力的社会。构建社会主义和谐社会是一项系统工程，涉及社会的各个领域、各个方面。大学校园作为社会的一个重要组成部分，在为国家培养人才、引领社会发展方面发挥着不可替代的作用。大学必须将建设社会主义和谐社会作为校园文化建设的基本立足点，换言之，和谐校园就是民主法治、公平正义、诚信友爱、安定有序、人与自然和谐相处而又充满活力的校园。通过教育，大学生的理想信念、道德素质、科学文化水平等得以全面提高。通过建设和谐校园，学校能够探索更适应时代发展、学生成长和社会主义事业发展的大学生思想政治教育方法，以此贴近实际、贴近生活、贴近学生，最终增强教育的实效性、吸引力和感染力。要继承和发扬学校思想政治教育的优良传统，适应新形势，谋划建设和谐校园的新思路，开辟建设和谐校园的新途径。

（二）自我教育的理念

1. 自我教育的内涵

自我教育是指在成长过程中作为个体的人，既是教育的主体，也是教育的客体。每个个体置身于社会大环境中都是逐步发展的，个体的发展是一个渐变的过程，同时是一个有目标的过程，这个目标是个体按照自己的实际情况来制定的。自我教育是一个自我认识、自我评价、自我调控，最终达到自我完善的有序过程。

---

① 权佳果.人生智慧，还是逻辑思辨？[M].西安：陕西人民出版社，2011.

但同时，个体的自我教育过程并不是一项单独的个人行为，自我教育依存于一定的社会关系中，因而它又具有社会性。

2. 更新教育观念，促进大学生自我教育

大学生要具备自我教育的能力，要求教师在教育实践中通过多种途径主动帮助和激发大学生主体能力的构建。大学生要实现自我教育，充分发挥主体的能力，主要从以下几个方面着手。

第一，思想政治教师要注重启发大学生的自我教育意识，引导他们通过自主学习、自觉参与以及反省、反思、自我思想改造等途径不断提高自己的思想道德水平。

第二，要打好坚实的理论基础。理论的学习是大学生思想政治教育中不可缺少的一环。理论教育法是思想政治教育最主要、最基本的方法，也是大学生打好理论基础最直接的方法。大学生只有具备坚实的理论基础，才能以正确的理论指引自己的行为，才能在现实中明辨是非，为自己找准努力的方向。随着社会的不断发展，人们需要更多地运用科学思维和理论来引导自己做出正确的选择和决策，以更好地适应周围环境。

第三，要创造有利于大学生进行自我教育的条件，积极引导大学生进行自我教育。学校应当通过各种渠道和形式对大学生的自我教育活动予以支持、引导和帮助，鼓励大学生开展他们所热爱的、健康的、有益的、丰富多彩的活动，使他们在活动中进行自我教育，相互影响。

学校要引导大学生开展批评和自我批评，使大学生在严格的自我批评和与人为善的相互批评过程中教育自己、相互借鉴、共同提高。学校要鼓励大学生参与学校的民主管理，组织大学生参加社会实践活动，使他们在民主生活和社会实践中得到锻炼，增长知识和才干，增强主人翁精神和社会责任感。要有计划地组织大学生进行民主讨论，引导他们在民主的氛围中各抒己见、交流思想、坚持真理、修正错误、集思广益。

第四，树立成功的榜样是大学生自我教育的一个有效途径。榜样示范法是一种教育方法，它以典型的个人或事物为示范，引导人们提升思想认识和规范自己的行为方式，从而起到教育、劝导和激励的作用。榜样教育具有形象、生动的特点，它是理论与实际的有机结合。大学生用榜样的力量激励自己会产生更强的感染力和说服力，在心中树立成功的典范，为自己指明努力的方向，在自我教育中收到很好的效果。通过学习典型事迹可以使大学生看到榜样的成功之处，明确自身努力的方向，从而努力奋斗，在改造客观世界的过程中全面提升自己的思想道德素质。

值得注意的是，大学生必须实事求是地选择对自己有影响力的榜样，否则难以真正在思想和行动上对其产生认同，榜样也起不到引导的作用。

（三）动态开放的理念

从我国高等院校的情况来看，部分院校思想政治教育工作存在着短视行为、孤立行为、信念模糊等不同程度的问题，导致学校思想政治教育工作难以适应形势发展变化的新要求。要改变这种现状，学校必须创新思想，树立动态开放的新观念，牢固树立全球意识、现代意识、服务意识，才能不断提高大学生思想政治教育工作的实效性。

1. 全球意识

全球意识是相对民族意识而言的，是指国民对跨国事务或国际事务的认识、了解和情感，是人们世界观的一种体现，表现为一个国家的公民或者社会团体在看待本国与他国的交往、本国与他国之间关系的发展及整个国际形势发展状况时所表现出来的敏锐度、关注度及其了解的深度。全球意识不仅是一种思想认识，而且是一种情感和价值取向。能否用开放的心态，平等、公正、宽容地对待和尊重世界各国、各地区、各民族的文化传统，能否积极、平和、理性地参与国际活动，是否具有国际竞争的思维能力，这些要素是构成全球意识的重要内容。

培养大学生的全球意识是当前思想政治教育创新的新主题。培养全球意识有助于调整思想政治教育理念，与时俱进地完善培养目标，及时变革教学内容，进一步深化思想政治教育教学改革。

培养大学生的全球意识对于加快中国走向世界的步伐，继续坚持对外开放的基本国策具有重要意义。培养具有全球意识的高素质人才是坚持对外开放的重要保证。

培养大学生的全球意识，一要培养其执着关注全球问题的精神；二要培养其观察分析问题时的国际视野，既要从中国看世界，也要从世界看中国；三要培养其解决问题时的宏观思维，既要学习借鉴国外经验，又不能崇洋媚外；四要培养其遵守国际通行基本规则的习惯。

2. 现代意识

21世纪，科技革命风起云涌，经济全球化进程大大加速，现代化浪潮席卷全球，低碳经济、知识经济正在深刻地影响我们的生产方式和生活方式，全世界正在进行经济发展方式的深刻变革，我们的思想意识必须紧跟时代，具有鲜明的时代气息。现代意识是现代人必须具备的思想意识。何为现代意识学界目前尚无一致看法，作者认为现代意识包括以下两方面的内涵。第一，体现时代性。现代意识是动态的、变化发展的、与时俱进的思想意识，是反映时代发展、社会进步和培养高素质创新人才所需要的。第二，具有进步性。现代意识是与传统意识相对应的，必须有利于社会生产力的发展，当前是指符合科学发展观、适应市场经济发展要求、反映知识经济和低碳经济发展潮流的思想观念和意识，如效能意识、资源意识、环保意识、科技意识、创新意识等。强化大学生的现代意识，必须以习近平新时代中国特色社会主义思想为统领。大学生思想政治教育要坚持科学发展观的指导，坚持以人为本的思想，转变教育思想和教育观念，重视学生的主体性地位，把实现学生全面发展、满足学生成长成才的需要设定为思想政治教育的目标。大学生思想政治教育要坚持全面发展的思想，处理好理论学习与社会实践的关系，促进学生身体、心理、科学文化以及思想政治素质全面发展，坚持协调发展的思想，协调好环境与育人的关系，牢固树立全员育人、全方位育人、全过程育人的观念。大学思想政治教育要坚持可持续发展的思想，建立健全科学、合理的大学生思想政治教育机制，形成德与智统一、教与育统一、校内与校外统一、传统与时代统一的思想教育新格局，坚持统筹兼顾的思想，全面管理各类思想政治教育资源，努力建设和谐校园。

3. 服务意识

思想政治教育工作的重要原则就是通过加强服务意识畅通三条渠道，即信息传播渠道、心理沟通渠道和意见反馈渠道，将教育工作与解决实际问题联系在一起，从而提高大学生对思想政治教育工作的认同和吸引力。为了有效地协助大学生解决实际问题，学校的首要任务是了解他们的需求和关注点，积极回应他们的需求，利用好信息传播、心理沟通和意见反馈三条渠道，以增强与学生的互动和沟通。只有这样，才能确保思想政治教育工作落到实处、精益求精、深入人心、发挥感召作用，让大学生受益。由于"双向选择、自主就业、逐步市场化"的就业方式的推行，越来越多的大学生渴望踏入社会，提高对社会的认知水平。面对新形势，大学应该把重点放在提供实用性强的信息服务上，除了向学生介绍国内外形势、国情和市场政策，还需要特别注重宣传基层和企业的各种信息服务，帮助学生从中筛选信息，做好自身职业规划，实现职业目标；也需要加大院校的推广力度，以便更好地将学校的具体情况传达给社会。融合毕业教育、就业指导和日常的思想政治教育工作，让学生深刻感受到就业的挑战，并不断激发他们进取的积极性。还要采用现代化手段建设校园网，以便学生能够获得全面的信息服务。

（四）全面发展的理念

在大学生思想政治教育中提倡全面发展理念，主要目的在于帮助大学生树立全面发展教育观，引导大学生的思想道德素质、科学文化素质、健康素质协调发展。根据大学生全面发展教育的目的，可以把全面发展理念的基本内容归纳为思想道德素质教育、科学文化素质教育、健康素质教育三个方面。

1.思想道德素质教育

思想道德素质是指个体通过接受一定的教育和参加社会实践活动，经过独立自主、积极理性的思考后形成社会或阶级所要求的思想观念和道德准则，并自主、自觉、自愿地做出相应行为的素质与能力。一般来讲，在大学阶段学生的思想道德素质涵盖思想、政治以及道德三个维度。思想道德素质教育是大学生素质教育的核心。重视大学生的思想道德素质教育有助于提升他们的思想道德水平，这对于弘扬中华民族的伟大民族精神和时代精神，塑造良好的道德风气和促进社会主义现代化建设具有至关重要的意义。

2.科学文化素质教育

科学文化素质教育包括科学素质教育和人文素质教育两个方面，这两个方面是紧密联系、相互渗透、不可分割的。科学文化素质教育的具体内容包括很多方面，从德育的角度来讲，大学生科学文化素质教育的重点在于培养两种精神——科学精神和人文精神，这两种精神是科学文化素质教育的核心。

（1）科学精神的培养

科学精神是人们从科学活动和科学成果中提炼出来的价值准则和行为规范，是人类在漫长而艰巨的科学研究探索过程中逐渐形成而不断发展起来的一种主观的精神状态。科学精神激励着人们祛除愚昧、求实创新，不断推动社会的进步。无论是西方的文艺复兴，还是我国的五四运动，无不显示出科学精神的巨大作用和深刻影响。科学精神是在科学活动过程中形成并发展起来的，因此，科学精神的内涵也随着科学活动的不断推进而得到充实和发展。科学精神的内涵很丰富，最基本的内涵是求真务实、开拓创新。在当代，科学精神有着新的时代内涵。

①坚定不移的求真精神。科学研究是一种艰苦的工作，通向未知世界的道路绝对不是平坦大道，这条路上布满了荆棘，只有付出辛勤的劳动，矢志不渝地追求，才会获得成功。

②尊重事实的务实精神。科学是严谨的学问，来不得半点虚假和浮夸。只有尊重事实，从实际出发，把实践作为检验真理的唯一标准，才能正确认识客观世界，揭示事物的客观规律。

③勇于批判的怀疑精神。怀疑是一切科学创造活动的真正出发点，科学就是在不断怀疑批判前人学说的基础上获得进步和发展的。

④勇于开拓的创新精神。创新精神是科学得以发展的精神动力和力量源泉。科学活动是从已知出发去探索未知从而发现和认识世界的。提出新问题、解决新问题、得出新成果是科学工作者的本职，也是衡量他们工作表现和工作价值的尺度。

（2）人文精神的培养

人文精神是民族文化的精髓，它是人们思考和行动中的信条、理想、品格、价值观和审美取向，是特定环境里各类精神价值的综合，是时代文化精神的核心。尊重人的存在和价值，因为其在人文精神中扮演着核心的角色，也是激发人文精神产生的根本动机。在国内外的教育史上，培养人文精神和提高人文素养一直是重要的教育内容。如我国古代儒家所提倡的理想人格教育，近代蔡元培先生提出的"普遍教育的宗旨在于养成健全的人格"等，都是重视人文精神培养和人文素质教育的典范。人文精神是一个历史范畴，在不同的时代有不同的主题。如今，大学生需要发展自身的人文素质，其组成部分包括独立人格、道德理念、人生态度和终极关怀等。这些要素是根据社会的需求和大学生现有的人文素质水平来确定的。

①独立人格教育。独立人格是大学生人文精神培育的基础和前提。一个人只有在人格上具有独立性和自主性，不盲目地听从别人，有自己的意见和主张，才谈得上具有人文精神。畏畏缩缩、唯唯诺诺、趋炎附势，连人的尊严都丧失了，又怎么谈得上具有人文精神呢？

②道德理念教育。一个人不仅要成为一个独立的人，而且要成为一个有道德的人。要教育大学生爱人如己，推己及人，设身处地为他人着想；要"先天下之忧而忧，后天下之乐而乐"，具有仁民爱物的胸怀；要热爱自然，保护环境，维护生态平衡。

③人生态度教育。要教育大学生具有积极乐观的人生态度，自强不息，开拓进取。人的一生不可能是一帆风顺的，逆境和顺境总是交替出现，伴随人的一生。要教育大学生身处顺境时不得意忘形，要居安思危；身处逆境时不怨天尤人，要坚韧不拔，百折不挠，勇往直前。

④终极关怀教育。人文精神是现实性和超越性的统一。它既是一种现实关怀，体现现实性的精神追求；又是一种终极关怀，体现了人对超越有限、追求无限的渴望，具体表现为理想和信念。我们需要激励大学生始终保持对共产主义远大理想的坚定信念，通过参与社会主义现代化建设，实现他们的人生价值。

科学精神和人文精神是人类精神家园的两大支柱，二者是相互联系、相互渗透、相辅相成的。科学精神和人文精神都源于人们对至真、至善、至美的向往和追求，它们在本质上是一致的。要培养科学精神，人文精神必不可少；而要培养人文精神，则需要科学精神的正确引领。换句话说，两者相辅相成，缺一不可。如果没有真正的人文精神，就不具备真正的科学精神；反之，如果缺乏科学精神，也只是不完整的人文精神。因此，在大学生思想政治教育中必须将科学精神教育和人文精神教育有机结合，克服单一追求科学精神教育而忽视人文精神教育的倾向，或者过度强调人文精神教育，而忽略了科学精神教育的培养。

3. 健康素质教育

健康是大学生成才的重要保障。早在 1948 年，世界卫生组织就明确指出，健康是一种身体上、精神上、心理上和社会上的完满状态,而不仅仅是没有疾病。[①]因此,这里的健康素质教育主要包括两个方面,即身体健康素质教育和心理健康素质教育。人类素质的发展离不开身体素质的提高,身体素质包括身体形态和生理特征,如身高、体重、骨骼和神经系统、运动能力、反应速度、负荷限度、适应性和免疫力等。身体健康素质教育就是让大学生牢固树立"身体是革命的本钱"的理念,促使他们主动参与体育活动,强身健体,实现工作和休息的平衡。大学生只有拥有健康的身体,才能全身心地发挥自己的能力,进一步提高各方面的素质。

心理素质是指人在认知过程中表现出来的求知欲、审美力、乐群性、独立性和坚持力等。它是个人整体素质的一个极为重要的方面,良好的心理素质是大学生适应社会、具有良好人际关系、形成健全人格的重要保障。近年来,许多有关大学生心理健康状况的调查资料显示,当代大学生心理矛盾日渐增多,由此引发的心理问题也日渐突出。大学生心理健康问题越来越受到社会的广泛关注,加强大学生心理健康素质教育成为大学生思想政治教育的一项紧迫任务。根据大学生心理健康的基本标准和目前大学生当中普遍出现的心理问题和心理疾病,我们把大学生心理健康素质教育分为以下几个方面。

①积极适应性教育。进入大学,面对一个与以前截然不同的新环境,许多大学生会出现适应不良的情况,因此需要积极进行适应性教育,以帮助他们适应新的生活。为了让大学生能够快速适应新的环境并保持健康的心态,积极适应性教育需要教授他们应对各种心理困境的技巧并培养他们适应环境的能力。

②健康情绪教育。大学时期是大学生面临的一个特殊发展时期。面对环境的变化和来自社会、家庭的压力,大学生很容易出现迷惘、焦虑、孤独、自卑、苦闷、空虚等心理障碍,这些障碍若不及时清除,会严重影响他们的健康成长。因此,大学生应该掌握人类情绪健康的标准,了解自己情绪变化的特点,能够敏感地察觉和表达自己的情感。此外,大学生还应该掌握有效的情绪调节方法,学会运用这些方法调节自己的情绪,从而保持积极的情绪状态。

③坚强意志教育。现在的大学生大多成长环境较为优越,缺乏艰苦生活的磨炼,对生活的期望值过高,缺乏迎接困难的心理准备,不少人意志力薄弱,耐挫

① 李桦,张广东,黄蔼玉.学校心理咨询操作规范与管理 [M].广州:中山大学出版社,2021.

力差。对此，坚强意志教育引导大学生充分认识意志对成才的作用以及自身的弱点，激发大学生以坚强的毅力和顽强的精神去克服困难的勇气，增强大学生的心理承受力，鼓励他们持之以恒、百折不挠地向着既定目标前进。

④健全人格教育。人格障碍是大学生心理健康中比较突出的一个问题，对大学生的健康成长构成了很大的威胁，因此，人格教育是当代大学生心理素质教育的核心和关键。要引导大学生气质、能力、性格、理想、信念、兴趣、人生观等各方面协调发展，培养他们建立合理的思考问题的方式、恰当灵活的待人接物态度，使他们能与社会的步调合拍，也能与集体融为一体。

⑤人际交往教育。良好的人际关系是维持大学生心理健康的前提。人际交往教育帮助大学生掌握人际交往艺术，学会与人沟通、互助和分享；善于在群体中发挥自己的才干，达到高水平的自我实现；在与人交往的过程中养成宽宏大度、尊重他人、乐于助人的良好品质。

第四节　大学生思想政治教育模式

一、疏导式教育模式

（一）基本内涵

准确把握疏导式教育模式的基本内涵要从如下层面入手。

①重视"疏"的作用，疏导式教育模式是建立在教育双方地位平等、互相交流的基础之上的，充分发挥了学生的自觉性、主动性，让学生讲出心中所想，教师再根据学生的具体问题进行引导，疏导式教育模式是一种教育主体与教育客体思想、情感互相交流的模式。

②在教育中，"导"的作用至关重要。教师应该在教育过程中发挥主导作用，鼓励并认可学生表达正确的思想观念。同时，他们应该采取说服教育的方式，帮助学生纠正不当的言行，传播正确的思想理念。

③疏导式教育模式是一种有效解决内部矛盾的方式，在实践中，主要采用说理启发、真情感化、批评引导、渐进式指导等方法。

疏导式教育模式包含着相互依存、相互联系的"疏"和"导"两部分。如果没有建立畅通的沟通渠道和广泛的言论空间，就会阻碍引导工作的顺利开展。如果缺乏恰当的引导、说服和教育措施，那么疏通工作也就无法实现其意义和价值。

（二）主要形式

疏导式教育模式是一套包括"疏通"和"引导"两个方面的方法体系，每个方面都有其独特的核心方法。就疏通而言，可采取两种主要手段——集体表达和个别交流。集体表达是为了解决整体性问题而进行的一种群体性意见或观点的集中表达，它通常采用民主讨论、群对话等形式进行。该方式能够有效地凝聚人心，促进共同理解和协作，为问题解决提供重要参考依据。个别交流是一种针对个人问题的沟通方式，旨在让个人有机会充分表达自己的思想和意见。这种方法可以用书信、私下对话等多种方式来进行。从引导的角度来看，可以将疏导式教育模式分为以下三种形式。

1. 分导

分导针对群体共同存在的思想问题，通过逐一引导并解决群体中每个成员思想上存在的问题，遏制不良思想从一个人传播到另一个人，从而将整个群体的问题化解为多个个体的问题并逐个解决，最终达到解决群体问题的目的。分导针对个体的思想问题，人的思想矛盾多样化，因此教师应该明确主要问题及其轻重缓急，重点解决问题症结，挖掘问题根源，并有计划地逐步解决该问题。分支引导是指在引导受教者解决思想问题时，教师应集中多方面的人力资源和物力资源来对学生各方面的问题进行引导和解决。这种方法不仅需要教师整合各种教育资源，而且还需要充分利用周围环境帮助学生消除不良情绪，有效解决其思想难题。

2. 利导

利用时机和环境进行有针对性、深入的教育，帮助学生及时、生动地领悟和接受正确而积极的思想，这就是利导教育的含义。有利时机指适宜的时间或适宜的情况，例如，在国庆节这个特殊的节日里可以组织学生观看阅兵式，让他们身临其境地感受祖国强大的国防实力，深刻领会自中华人民共和国成立以来，我们国家在党的领导下所取得的伟大成就和社会主义现代化建设的巨大进步。如此一来，学生就会自发地产生对党和国家的热爱之情，从而达到教育的效果。教师还可以运用重要事件和节日，开展教育活动。在三月份雷锋月，可以安排学生参加各种志愿服务活动，他们可以透过实践体验深刻领悟奉献的价值，以此引导他们积极践行乐于助人的道德准则。这些道德准则将会融入他们自己的品格中，并且外化为行为举止。如此一来，能够有效地提升学生的知识水平、增长见识、塑造信念、引导情感、促进行为，最终培养出具备良好思想品德的学生。

3. 引导

引导即启迪、诱导，是指教师通过一系列的思考和讨论，引导学生积极运用头脑思考，培养其独立思考和分析问题的能力，通过积极的思想碰撞和比较分析探究事物内在的必然联系，从而达到深刻理解的目的。通过分析事件的不同角度，让学生能够拥有全局性的思考能力，从而在面临诱惑时保持警觉，在面对挫折时勇往直前。借助启发和教育的力量，使原本狭窄而浅薄的观念拥有更加全面并且具有连贯性的视角，从而扩展学生的视野并加深其思考的深度。引导教育旨在通过已知的实例，使学生认识到错误思想所造成的严重影响，并帮助他们抛弃原有的错误思维模式，并引导他们选择正确的思考方式。

（三）基本特征

1. 民主平等

民主平等，顾名思义，教师和学生的地位是相同的，双方应以平等的身份交流。学生有权利表达自己的观点和思维，教育双方积极互动，双方就特定问题发表各自见解，认真倾听对方意见并展开探讨。当对方提出问题时应积极解答，对于自己不同意的观点可以进行反驳，这是一种友好的交流方式。教育不应该只是单向的传授知识和思想，而需要教师与学生进行互动，鼓励学生提出正确思想，同时指出错误思想并加以纠正，这是一种互动交流、合作探讨、共同提升的过程，摒弃了传统单向灌输的教育方式。这是疏导式教育模式所必须满足的前提和基本要素，也是其最为重要的特征。

2. 主体间性

教育中的疏导模式体现为教育的主体和客体之间相互作用、相辅相成的关系。主体间性指的是规范主体之间相互关联、协调、统一的特征。多个主体之间存在相互联系和影响，呈现了"主体—主体"思维方式，实现了一种互相促进的教学合作状态。教育中，学生的主体间性体现为其有权平等地表达个人意愿和疑问，还拥有对教师的理论进行反驳和选择的自由。教师的主体间性则展示在教育活动的组织和设计，以及正确宣传和纠正错误思想方面。

3. 人文关怀

疏导式教育模式注重教师应该认同学生的独特性和价值观，尊重学生的自主选择，并帮助其发展和维护个性。教师应该把学生看作亲人、同伴和挚友，关注他们的具体需求，探索他们的成长轨迹。疏导式教育模式要求教师重视学生的观点和情感问题，将情感问题作为核心话题之一与教育对象交流，不仅是灌输理性内容，更注重情感问题的化解。只有解决了情感问题，才能让学生以积极的心态接纳正确的思想。这是情感推进的疏导式教育模式的延伸，同时也是证明疏导教育有效的重要依据。

4. 针对性

针对性是有效实施疏导式教育模式的基础。疏导式教育模式要求教师先认真倾听学生的具体问题，然后进行分析判断和总结归纳。为了有效地解决教育对象所面临的问题，教师需要根据学生的情况来采取相应的方法，确保这些方法切实可行且具有实际效果。教师应该积极搭建沟通桥梁，以便充分传达对学生的合理要求。教师需要巧妙地利用环境资源和各类人力、物力资源，形成综合优势，帮助学生解决重大问题。教师需要通过典型、理想或价值的具体表达来激发学生的感性认识和动力，使其能够清楚地辨别对错，明确追求进步的路径。教师需要根据学生的需求，帮助他们解决与个人成长和发展相关的实际问题，以期让他们真正受益于教育。

（四）主要措施

1. 营造民主氛围

建立互相尊重、平等对话、双向沟通的机制，可以推进民主制度和氛围的营造，这种机制可以运用到教师和学生的交流中。鼓励和支持学生用合理的方式表达他们的诉求。在合理的范围内，学生可以通过广播、微博等渠道表达自己的想法和诉求，教师则应积极与学生沟通，特别是对多数学生共同反映的问题进行认真关注。

2. 构建相应的教育环境

要成功推行疏导式教育模式，需要有必要的物质支持。学校应该为此提供适宜的场地和课程安排，还需要为思想政治课程配备先进的技术和设备。第一，学校应该为教师和学生的交流和沟通提供固定的时间和地点，以便更好地应用疏导式教育模式。此外，学校还需要提供具有灵活性的场所和时间，以适应疏导式教育模式的应用，解决突发事件。第二，学校需要设定相应课程以正确运用疏导式教育模式。教师在运用疏导式教育模式之前，需要先学习其相关理论知识，这些方法都有独特的概念、术语和范畴，因此需要了解疏导式教育模式的定义、主要手段和形成原因等内容。教师对基础的疏导教育方法有了充分认识以后，他们应该更加深入地研究疏导教育的理论，并组建研究小组进行理论实践，以促进疏导教育的进一步发展。

3. 创新主要手段和载体

通过了解大学生的心理特点，教师可以运用疏导教育和心理学知识相结合的方法，更有效地与学生进行沟通和交流。教师可以借助网络技术，进一步推广疏导教育的应用平台并拓宽其适用范围。传统的沟通方式在教育领域的影响力逐渐下降，学生对这些方式的兴趣也逐渐缺失。教师在使用疏导式教育模式时应当积极采取现代科技手段，如建立内部网络、开通师生问答专线等。

二、融入式教育模式

在大学生思想政治教育工作中，融入式教育模式坚持以学生为中心的理念，注重在潜移默化中培养学生的素质，积极推广第二课堂，鼓励学生参与实践教学，以因材施教的方式提高学生的整体素质。为了整合显性和隐性教育，融入式教育模式采用了人文关怀、思维水平训练等教学方法，同时，还注意整合同向联系和反向联系，以及充分利用文化资源和教育资源。这些举措的目的是增强高等教育机构思想政治教学的效果，同时推动高等教育体系内思想政治教育制度的改革。

（一）教学实践

融入式思想政治教学是在现有教学形式的基础上，通过引入人文精神、信息技术和创新精神等元素，构建一种生动有趣的教学方法，让大学生更容易接受并乐于参与。

1. 在思想政治教育中融入人文情怀

大学生的综合素养涉及数个层面，如情绪、生活态度以及价值观等，并且这些素养极其重要。教师需要挖掘学生内在的精神世界，将人性的温度注入思想政治教育工作中，以填补教育上的不足。探索创新思想政治教育的策略必须强调将人文情怀融入其中。此外，教师还要致力于提升自身专业实力，重视人才培养，并专注于学科和专业的发展。在管理教风、学风和考风方面尝试诚信考试、无人监考等，通过人文情怀与思想政治教育的相互融合，有效地增强了育人的效果。

2. 在思想政治教育中融入网络媒体

充分认识并有效利用网络媒体是高校做好思想政治教育工作的重要途径。新型媒介必须与传统媒介有机结合并协同作用，以提高思想政治教学的效率。网络媒体蓬勃发展，给大学生提供了更丰富的选项和机遇。不过，如果教学内容和形式仍固守旧有手段，难以取得显著效果。因此，教师应根据学生的思维和行为模式，从他们的现实生活出发，找到切实有效的教学方法。为了跟上时代的步伐，教师应该积极参与创建校园网络宣传新媒介，将网络电视和广播融合，有效利用网络先进的传输技术和媒体工具，加强学生思想政治教育，增强他们的自我意识，激发他们积极参与学校思想政治宣传教育工作的动力。

（二）经验总结

教师通过课堂教学、实践教育和信息教育相互融合的教育方式，强调了思想政治教学的政治性、情感性和灵活性，目的是全面提升大学生的政治思想水平，促进其健康成长。

1. 坚持以人为本

大学是现代社会主流思想意识形态的主要宣传阵地，也是先进思想传播的前沿阵地。因此，大学对推动思想政治教育工作形式的变革与进步有着重要的责任。为了改革思想政治课程教育体制，并推行融入式教育，学校需要考虑学生全面发展的需求，采用全员、全程和全方位的运作模式，并根据不同专业的特点，注重实践，重视培养学生的人文情怀和认知能力，注重以人为本。从全面发展的角度出发，学校应该以尊重和关爱学生为基本原则，注重每个人的成长和福祉。教师的目标是激发学生的潜在能力和创造力，并通过探索事实来促进他们积极思考。同时，教师需要满足学生多样化的需求，促进他们在各个方面的才能得到充分发挥，从而推动其个人发展。另外，在教育方面，教师应将中华传统美德、心理健康知识、优秀历史故事等元素融入教学内容，提高思想政治教育工作的实效性。

2. 坚持因材施教

普通高等院校思想政治教育的对象是在校大学生，融入式思想政治教育体系的创新需要面向全体大学生，运用不同的思想政治教育方法，因时、因地、因人而异，坚持因材施教。

第一，针对不同阶段的任务，提供相应的教育。考虑到学生的思想观念各异，有必要在进行思想政治教育时采用分阶段的教育方法，以达到更好的效果。教师可以根据学生的入学时间来制定不同阶段的教学目标。学期开始，教师要帮助学生制订合适的学习计划，为了提高学生的学术水平和学习能力，教师应该实行分阶段教学，并不断更新思想政治教育的内容，加强基础理论知识的传授。教师应关注学生的心理健康，注重心理辅导，处理好学生在学校期间所遇到的各种心理问题，并通过重点指导帮助学生培养实际工作能力，将他们所学的知识转化为实际应用的能力，进一步提高学生综合素质。在最后阶段，教师需要着重关注毕业生的就业培训，帮助他们制定人生和职业发展规划，并指导他们树立正确的就业、择业和创业观念。

第二，针对不同的学生进行有针对性的教育。在学校生活中，教师需要高度关注困境家庭的学生，尤其是单亲家庭的孩子，倾心照顾，关心他们的情感需求，帮助他们正确树立世界观、人生观、价值观，以更加积极的心态适应集体。教师的思想政治教育工作要注重情感因素，以更有人情味的教育温暖学生，提升学生的学习效果和自身素养。

（三）主要特征

1. 隐性教育与显性教育相结合

普通高等院校的改革不仅改变了学校的外观和校园环境，还塑造出一种融合了人文精神的校园景观，这对于提升学生的思想政治素质具有至关重要的意义。因此，教师应对学校的自然环境进行全面分析，并将其视为学校育人课程的一个方面，而非物质条件。教师应在实践教育中努力协调外部环境和学校的精神文化氛围，以增强思想政治教育工作的针对性和实际效果。此外，融入式思想政治教育还高度关注与文化相关的隐性教育，特别是思想政治课程方面的内容。如果说学校的环境是由院校精心设计的，是隐性的思想政治教育的一部分，那么学校的组织和制度就是显性的思想政治教育手段。融入式思想政治教育工作的隐性教育内容在于创造一个充满人文气息的校园文化环境，将文化和精神融入其中。只有这样才能真正展现学校的独特气质，营造教育氛围。

2. 正向衔接与逆向衔接相结合

融入式教育方法追求正向和逆向的衔接，并通过实践使大学生深入了解思想道德文化，同时也在探索创新大学生思想政治课程教育体制。如果不把过去了解透彻，就无法理解现在，更不可能预见未来。正向衔接就是按时间顺序，从过去到现在，充分了解思想政治教育基础，以史为鉴，达到大学生思想政治教育改革和创新的目标。逆向衔接意味着从现代的思想教育现象和问题出发，追溯历史并挖掘历史文化与当代思想政治教育之间的联系，以实现现代与历史的紧密结合。

3. 文化资源与教育资源相结合

为了让文化的教育价值得以实现，学校要以各种生动活泼、让学生感到开心的方式将文化资源引入普通高等院校的思想政治理论课教学实践中。在将各种文化资源整合起来的同时，坚定不移地维护思想政治教育的特色和原则，并根据时代的发展需求赋予文化资源时代性。这样可以更好地促进文化资源与教育资源的有机融合。在实际的教学中，教师应该尊重学生的主体地位，鼓励他们自觉地继承和发扬传统文化，同时积极引导他们将所学与教育资源结合，学以致用。这样，他们就能够在文化学习的过程中落实"实践出真知"的理念，不断挖掘文化精华，推陈出新。

三、生活化教育模式

大学生思想政治教育生活化是提高大学生思想教育质量的重要途径。教师需要以理论为支撑，重新审视教育信念，更新教育理念，以实现教育与生活的有机融合。教师应该以学生为中心，将教学方法与现实生活紧密结合，采用贴近学生生活的管理方法，使教育和管理与生活融合，共同进步。最终，教育与生活、管理互相支持，通过实践进行教育，以提升大学生思想政治教育的成效。

（一）教育理念生活化

1. 教学内容生活化

为了让学生更好地理解和接受教育，教学内容需要包括教师想要传达的理论知识和教育思想，以及和学生生活经历相关的教育素材，使其更加贴近实际生活。

首先，需要挑选与日常生活密切相关的教育资源。作为一种人文教育，在进行思想政治教育时，必须使用真实、客观、可靠的教育素材，任何虚假、过时的素材都会带来适得其反的效果。因此，选择教育资源时，教师应该遵循与时俱进的准则，根据学生生活中发生的不同情况做出相应的改变，需要与当下的生活保持一致，展现时代发展的特点，要跟上时代的节奏，就必须选择符合时代内涵和现代社会发展方向的教育素材。教师需要善于发现教育素材，精准地选取与教学内容或学生生活相关的热点事件和生活故事。在教学过程中，应注重故事与理论的融合，以达到更好的教育效果。因此，教师需要在生活中锻炼自己的"慧眼"，不断挖掘生活中发生的大大小小的事件，以便更好地为学生提供有针对性的教育。此外，教师在教学过程中应当选择与学生生活相关的话题，使用有趣、亲切、易接受的语言，并采用常见、常听、贴近学生的案例来解释教学内容，提高教学的艺术性和趣味性，让学生产生亲切感，从而加深对所学知识的理解和实践。

其次，将学生的生活经历纳入教学范围。思想政治教育的主要目标是通过教育帮助学生逐渐接受并形成符合社会规范和道德规范的思维方式和行为方式。对于新时代大学生而言，教育内容尤为关键。因此，在教学过程中，教师应该注重学生的个人经验，根据学生的兴趣爱好有针对性地开展教学活动，以激发学生的学习热情。同时，教师应引导学生将日常遇到的人、事分享给大家，并结合这些经历与教学内容，解决学生的疑惑和问题，以此来深入学生内心，达到思想教育的目的。此外，学生基于多年的生活和学习经验形成了自己独特的认知架构，因此在学习新知识时已经具有的认知方式将会对学习产生影响。当新学习的知识与已有的知识相似时，学习效率会提高，反之则会降低。因此，在教学过程中，教师需要了解学生的认知需求和生活经验，以多样化的方式，将生活元素有机地融入教学中。教师教授新知识时应该充分考虑学生已有的知识和观念，以此为桥梁，帮助学生更好地接受并运用新的知识，增强学习效果。

2. 教学目标生活化

第一，制定差异性的教学目标。大学生来自全国各地，他们的学习水平和学习能力存在差异，因此在确定教学目标时，教师需要考虑多种因素，如学生的受教育水平、学习能力等，不能一刀切，也不应定下超过学生现有水平的目标。教师应该设定与学生实际生活紧密相关的"小目标"，"小目标"可以让学生在生活中更容易理解、体会、实践，从而达成自己的目标。而对于较高、较长期的"大目标"的设定则必须谨慎考虑，但通过设定"大目标"，使学生可以在自我努力的过程中超越自我，并提高自信。

第二，建立实际可行的教学目标。在制定思想政治课的教学目标时，教师应该关注现实生活，制定真正贴近现实的教学目标。我们的教育旨在培养现实生活中的人，让学生在现实中更好地生活，而不是对他们提出不切实际的过高要求。在制定教学目标时，教师应注重那些处于中间水平的学生群体，确保制定的目标符合大多数学生的生活实际。教师应该从实际操作出发，将学生的思想政治教育作为核心，确定具有现实意义的和可操作的教学目标。

（二）教学方式生活化

在思想政治教育中，常用的教学方法是传统的理论灌输，忽视了学生在学习中的主体地位。由于教师未能充分利用丰富有趣的教育资源，导致教育效果没有达到理想状态。因此，教师应放弃过于依赖经验的做法，更加注重教学方式的时代性，采用适应时代发展要求的教学方式，如情境教学、心理咨询和社会实践等。

1. 运用情境教学和心理咨询

在当今时代，大学生的思想变化呈现出多样性，在进行思想教育时，传统的教育方式已不再能够满足学生的需求，需要采用更具吸引力和针对性的教育方法来激发学生的兴趣和思考。情境教学法和心理咨询法是现代高校思想教育中非常有效的创新方法。这些方法已得到广泛的应用，取得了良好的教育效果，成为促进学生思想教育的重要手段。

首先，重视运用情境教学的方法。知识必须与其所处的情景相互依存，无法孤立地存在。情境教学是一种有效的教学方法，教师可以在教学过程中创造或引入具有情感色彩的场景，以意象为主要呈现方式，使学生产生特定的情感体验，从而帮助学生更好地理解教材，促进学生心理机能的发展。教师可以通过重现与教学内容相关的生活场景，运用多媒体展示或学生表演等方式，使得学生更直观且深入地理解教学内容；可以将学生生活中发生的具有教育意义的故事直接应用到课堂上，这样能够更直接有效地教育学生。无论以何种方式呈现，情境教学法旨在让学生在亲身感受真实生活时，以一种非凡的方式去审视生活，激起学生的思辨精神，达到提升教育效果的目的。

其次，重视运用心理咨询法。如今，大学生面临诸多挑战，就业压力在所难免。这些挑战不仅会在思想上对学生造成影响，而且可能会引发学生心理方面的障碍。因此，仅仅通过思想教育或学生个人的调整来引导学生转变思想是难以奏效的。有些问题看似是思想问题，实际上却涉及学生的心理问题。因此，教师需要采取两手策略，采用心理咨询的方式帮助学生处理心理问题，引导他们理智看待自己，帮助他们解决思想上的问题，助其全面成长。

2.重视社会实践

仅仅在教室里开展思想教育是不够的，难以满足学生全面发展的要求。随着时代的变化，大学生需要具备的能力也在不断更新，因此教师需要不断改进教育方法以适应新的要求。理论源于实践，为了真正地理解和掌握某些知识和理论，学生需要通过亲身体验进行学习和实践。因此，教师需要注重社会实践的教育价值，使其能够对学生成长起到积极的促进作用。

首先，强调注重社会实践的终身性，以培养学生的社会责任感和实践能力为主要目标，摆脱传统课堂中"闭门造车"的教学方式。要实现学生全面发展，除了在课堂上学习理论知识，培养他们在实践中进行自我教育的能力也是很关键的，因为生活是不断变化的，而理论知识的应用是需要结合实际情况的。因此，鼓励学生积极参与社会实践是一种重要的教育方式。

　　其次，注重社会实践的育人性。学生除了必须掌握一定的书本知识，生活实践中的知识也是需要掌握的。生活实践可以帮助学生从实践中获得更加实用的知识，从而具有更高的"实战性"。毫无疑问，最初的人类思想道德教育是通过生活和生产实践来进行的。学生的思想改变不是一蹴而就的，而是需要通过一个过程才能实现，这个过程需要课上和课下协调配合进行，不是仅仅依靠几节课就能完成的。目前普通高等院校对学生的思想政治教育主要集中在课堂教学中，以教材为主要内容，学生在课堂和教材中所获得的道德知识虽然有普及性，但缺少亲身实践，学生也无法真正领悟和体验到其中的含义。且一些社会生活中的道德知识无法言传，它们的影响具有特殊性，只有在相关的实践场景中才能深刻感受到它们的力量。有些关于道德教育的知识并不能直接搬移到教材中，因为这些知识需要通过学生的亲身体验才能真正被深刻领悟。因此，教师需要创新教学方式，帮助学生在日常生活中进行实践、体验和感悟，以便更好地让学生成为拥有全面素质的人。

第二章　大学生心理健康

本章探讨大学生心理健康，主要包括大学生心理健康概述、大学生心理健康现状以及大学生心理健康问题分析等内容。

第一节　大学生心理健康概述

一、大学生心理发展特点

青年时期是一个人充满活力迎接独立生活的阶段，是决定自我发展道路的时期。大学生处于青年时期，心理状态正在快速成熟，但还未完全成熟。这种状态在他们的心理活动中表现明显，并且形成了独特的心理发展特点。

（一）自我意识增强但"自我统合"能力差

自我意识包含个体对自己和周围环境的认知和体验，它是人类心理发展中不可或缺的部分，它融合了认知、情感和意志，是人类思维和情感体验的核心。人类自我意识的成长不仅与年龄相关，还与其所掌握的知识水平密切相关。在大学时期，人们通常能够深入思考并真正认识自我。随着青年大学生对外界的认知不断提升，生活经历不断增加，他们越来越注重自己内心的世界，强烈渴望了解自己和提升自己，同时他们在理想自我和现实自我之间感到矛盾和分裂，试图通过理解自己与理想和现实之间的关系来了解自己、认识自己，并追求更完美的自我。尽管大学生的自我认知水平明显提高，但由于他们尚未对现实社会有深刻的了解，缺乏足够的社会实践经验，因此在自我体验和自我认知方面可能存在某些偏差，在认识自己的能力上表现为过于自负和缺乏自信，在个体的经验中表现为过度自我认可或自我否定。大学生心理发展必须经历"自我统合"的过程，这一过程的顺利完成对于大学生来说极为重要。

（二）抽象思维迅速发展但缺乏成熟的理性思考

随着大脑机能的提升、生活空间的扩大以及社会实践活动的增多，大学生的认知能力得到了显著提升。在这个时期，他们对事物的感知和认识变得更加敏锐，记忆、思维方面的表现也有了提高，开始逐渐使用逻辑、抽象、综合、概括、推理、判断等多种方式来分析事物之间的联系和内在本质，并逐渐过渡到更为深刻的辩证思维方式。此时，理性思维的运用更加广泛，同时思维的独立性、批判性和创造性都得到了显著提升。然而，这些大学生的抽象思维能力尚未完全成熟，他们的思维品质发展不够均衡，思维范围、深度和敏感度的提高比较缓慢。特别是在运用唯物辩证法和理论联系实际的思维方法时，他们的理性思考能力有所不足，导致他们常常过于简单地看待问题，分析问题的主观性和片面性难以避免。

（三）情感日益丰富但易偏激

美国青年心理学之父霍尔认为，青年期的大学生最主要的心理特点是动摇、起伏，出现一些非常显著的相互对立的冲动，他称之为"狂风暴雨的时期"。大学生正处于青春期，经历着丰富多彩的大学生活，他们的情感丰富而复杂，表现出了强烈波动、不协调的特点。因此，大学时期是人们体验生命情感最强烈的时期之一。随着大学生知识经验的积累、生活空间的拓展、业余生活的丰富以及自我认知的增强，这种充满激情的内容也变得越来越丰富多样。大学生具备丰富多彩的情感世界，充满理想和兴趣爱好，积极关注时政，热情奔放……总的来说，他们的情感在不断深入和扩展。然而，以大学生的认知水平可能无法全面理解社会的复杂性以及合理性行为的重要性。此外，由于他们正处于青春期，精力旺盛，自我评价高而且敏感，因此情感容易波动，甚至出现两极化现象，使得他们经常陷入情感困扰。

（四）交往欲望强而心理闭锁

对处于青年期的大学生而言，人际交往是其自我意识成熟的重要途径，人际关系直接影响其适应能力和发展状况。在大学生涯中，人们渴望着建立亲密的人际关系以满足其情感需求，同时也享受独处的时光。可是，很多大学生在处理人际关系时常常带着过于理想化的心态，用完美的模式来评价生活中的人际关系，这使得他们既抱有极高的期待，同时也常常感到巨大的挫败。部分学生有逆反心理，缺乏基本的合作和宽容精神，也缺乏必要的信任和理解，再加上交往方式不当、交往能力受限以及人格缺陷等因素，容易导致他们在人际交往中受到挫折。长期的交往不顺利导致了一些大学生对人际交往持消极态度，视其为负担，这种心理对人际交往造成严重影响，会进一步加深他们的孤独感，使之更加难以参与人际交往。大学生在生活空间扩大的同时出现了强烈的社交需求，这两者之间形成了一种不可调和的矛盾。

从大学生的心理特点可以看出，大学生正处于迅速走向成熟，但又未达到真正成熟的阶段，这种情况既存在积极的一面，又存在消极的一面，因而在其心理发展中难免出现许多矛盾和冲突，如独立性与依赖性的矛盾、强烈的求知欲与识别能力低的矛盾、情感与理智之间的矛盾、理想与现实的矛盾等。但是，大学生正是在解决矛盾、冲突的过程中逐步走向成熟的。

二、大学生心理健康标准

（一）保持对学习的浓厚兴趣和求知欲望

在大学生活中，学习是最为重要的内容，那些心理健康的学生会非常珍视学习的机会，对知识的渴求也非常迫切，拥有战胜学习困难的能力，并能够保持学业表现的稳定，能保持一定的学习效率，同时从学习过程中获得满足和愉悦的体验。

（二）能协调和控制情绪，保持良好的心境

保持乐观、积极的情绪和良好的心态是维持心理健康的重要标志。心理素质良好的大学生具有自信、积极向上、热爱生活的心态，尽管偶尔会遇到消极情绪，如悲伤、忧虑等，但总体上积极的情绪居多，同时他们也表现出理智、负责任、幽默的特质，能够有效调节和掌控自己的情绪，在面对挑战时能够沉着冷静地应对，而在成功或失败时也能保持乐观和从容，拥有愉悦、满足、阳光的内心状态，

无论境况好坏，都能保持心境平和，持续探索乐趣，并寻找生活中的积极面。

（三）意志健全，能经受住各种挫折和磨炼

心理健康状况良好的大学生拥有清晰的学习和生活目标，并努力追求这些目标。他们勇于尝试新事物，分享自己的想法，同时也坚定地实施自己的计划。在面对挑战和诱惑时，他们能够坚定自己的立场，不受外界干扰，持续专注追求自己的目标。频繁的盲目行动和缺乏动力、散漫的状态都是意志薄弱的表现。

（四）人际关系和谐，乐于交往

人们的心理健康状态往往可以从他们的人际关系状况中得到体现和反映。心理健康的大学生喜欢享受生活，愿意结交新朋友，并具备良好的人际交往能力。他们具备包容别人的不足和赞赏他人长处的能力，在协作和竞争的环境中能够恰当处理人际关系。他们能够与其他人紧密合作，积极帮助他人，表现出良好的同情心和道德责任感，因此赢得集体和他人的欣赏和认可。健康的人际交往心理应该是信任他人的、欣赏和尊重他人才能的、善意的、关注集体利益的。

（五）正确的自我意识

若想保持心理健康，必须先确立正确的自我意识。心理健康的大学生能够客观地认知和分析自己以及周围环境，对其进行准确评价。他们不会过度清高，也不会太过自卑；他们自律严谨，审视自身，控制情绪，始终保持内心平和。尽管他们认识到自己的理想自我和现实自我不完全一致，但他们仍能够敏锐地感知客观环境中有价值的信息，并利用这些信息不断提高自己的能力和素养。同时，他们有意识地对自己的行为进行评估和调整，以达到更有效地掌控自己行动的目的。

（六）适度的行为反应

适度的行为反应指的是个体对于外部环境和事物的反应既不敏感也不迟钝，保持平衡状态。随着人的成长和发展，他们表现出来的心理行为也随之改变，从而形成了各自独特的心理行为模式。在情感、言行等方面与同龄人保持一致，表现出正常的行为和心理状态的大学生被认为是心理健康的，他们充满生机和活力，求知欲强，解决问题时具有创造力。

（七）完整统一的人格品质

人格描述一个人完整的个性特质，涵盖了其思想、情感和行为的方方面面。人的完整人格指的是各方面得到平衡，气质、能力、性格、理想、信念和人生观等构成要素的表现相对连贯和稳定。心理健康的学生能够协调思想、言语、行为，树立正向的人生观，将自己的需求、意愿、目标和行动融为一体，不会出现两面三刀、心口不一的行为，也不会为了私利而背叛自己的信念和良知。

（八）积极的社会适应力

心理健康状态良好的大学生与社会之间保持良好的互动，对社会现状有充分的认知，不断跟随时代发展的步伐，自身的思想、信念、目标与行为也与社会要求相符合，因此能够被社会认可和接纳。当学生意识到自己的期望和需求与社会的期望和需求存在差异时，需要迅速调整自己的心态，以使其与社会相协调，而不是逃避现实，或走上与之相反的道路。

第二节　大学生心理健康现状

大学生的心理健康不仅影响着大学生这个数量逐渐增加的群体，而且影响着未来国家的建设与发展。近年来大学生抑郁等问题不断引起社会关注。2020 年 9 月国家卫生健康委员会发布了《探索抑郁症防治特色服务工作方案》，提出把抑郁症筛查纳入高中及高校学生的健康体检内容，将学生作为抑郁症的四大重点防治群体之一。因此，了解大学生的心理健康状况，对于促进大学生心理健康具有重要的参考价值。

一、抑郁、焦虑问题不容忽视

当前，大学生心理健康状况总体良好，但抑郁、焦虑等问题仍不可小觑。有研究表明，当代大学生 18.5% 有抑郁倾向，4.2% 属于抑郁高风险人群，8.4% 有焦虑倾向。睡眠不足的问题在大学生中比较普遍，在一周的时间里，43.8% 的大学生表示有 1~3 天睡眠不足，7.9% 的大学生表示超过半数的时间睡眠不足，而 4.4% 的大学生表示几乎每天都睡眠不足。[①]

大专生的心理健康状况普遍好于本科生。学生心理健康状况存在性别差异，其中本科女生的抑郁水平最高，显著高于全国平均水平，也高于本科男生、大专男生和大专女生这三个群体。

二、心理健康技能仍需加强

当前，大学生的心理健康意识较强，具备一定的心理健康技能，但仍有较大的提升空间。有研究显示，大学生中心理健康意识较低、亟须提高的仅为 4%，心理健康意识处于中等水平，有待进一步提升的为 39%，而心理健康意识较强的为 57%。相关研究常以情绪调控技能为代表来评估受试者心理健康技能，而情绪调控技能以情绪觉察为基础，包括人际支持、认知重评、转移注意三种方式。调查发现 60.8% 的大学生至少拥有三种情绪调节技能中的一种，其中转移注意是大学生最主要的情绪调控方式。经相关分析发现，人际支持是大学生最有效的情绪调控方式。大专生运用人际支持技能调控情绪的水平高于本科生，这也部分解释了大专生心理健康水平高于本科生的调查结果。[②]

三、心理咨询便利性仍需提高

当前，大学生对心理健康知识的需求旺盛，心理咨询需求的满足程度显著高于全国平均水平，但心理咨询的便利性仍有待提高。

研究显示大学生对心理健康知识的需求旺盛，排名前三的依次是人际交往、自我调节及职业指导。本科生对心理健康知识的需求显著高于大专生。将近 90% 的大学生知道本校有心理健康中心为学生免费提供心理咨询，但仅有 21.4% 的大学生进行过心理咨询。对于校内心理咨询服务，分别有 38.0% 的本科生和 11.9% 的大专生表示不便利。[③] 心理问题比较严重的学生更多地选择校外心理咨询服务，

---

① 王清，王平，徐爱兵. 大学生心理健康教育 [M]. 苏州：苏州大学出版社，2022.

② 王清，王平，徐爱兵. 大学生心理健康教育 [M]. 苏州：苏州大学出版社，2022.

③ 王清，王平，徐爱兵. 大学生心理健康教育 [M]. 苏州：苏州大学出版社，2022.

究其原因，心理问题比较严重的学生一方面需要精神科医生、心理治疗师等的治疗服务；另一方面，心理咨询需要的时间较长，往往超过学校的心理咨询时长。但整体而言，大学生群体对于心理咨询服务的满意度较高。

第三节　大学生心理健康问题分析

一、大学生心理问题的特征

学生进入大学后因为环境的改变可能出现各种心理问题，本节就大学生常见的心理问题进行深入研究，发现其存在以下的特征。

（一）自适应性

大学生在成长过程中经常会出现心理困扰，这并不代表他们患有心理疾病。心理困扰和心理疾病是不同的，心理困扰可以通过自我调节来自行解决。实际上，大多数学生都会经历心理困扰，这是一种正常的心理反应。然而，心理问题的影响程度因人而异，一些学生可能受心理困扰较少，因此，其学业和工作不会受到影响。

随着学生成长中能力和经历的丰富，他们通常会逐渐具备自我控制和自我调节的能力，在面对心理困扰时能够自己应对，不需要外部干预。

（二）多重性

多种心理因素可能同时影响大学生的心理状态，导致其出现各种心理问题。这些问题呈现出多样性和多元性的发展趋势。因此，在目前的阶段，学生的自我情绪调节能力变得极为关键。

（三）困扰性

大学生心理问题的严重程度是由多种因素决定的，包括大学生成长环境、自身的学识水平和自我调适能力的差异等。一般来说，心理困扰对学生的身体健康造成的影响较小。学生的心理困扰问题通常是因为受到各种因素的影响而产生的短暂烦恼或焦虑反应，这种情况并不会对学生的健康造成严重的危害，也不具备典型的临床诊断症状，大多数学生可以通过自我调节，有效地控制这种心理困扰对情绪产生的影响。

然而，如果不对学生的心理困扰进行适当的管控，其发展可能会对学生的成长带来负面影响。因此，当学生遇到的心理问题不断增加，对他们的行为或日常生活产生严重影响时，就需要寻求心理医师的治疗，根据具体情况可以考虑利用药物作为辅助治疗手段。一般而言，心理问题的根源在于周围环境对身体的刺激过度，导致大脑受干扰后出现思维上的混乱。如果遇到此类情况，学生应该寻求专业人士的治疗帮助，以恢复正常的精神活动。通常使用精神科医生的治疗方式来治疗学生的心理问题，包括使用合适的心理治疗和药物治疗。

（四）阶段性

通过研究学生的心理问题可以发现，在心理发展的一般过程中，学生往往会从感到不适应到逐渐适应，最终进入基本适应的阶段。随着大学生的成长，心理问题会逐渐减少，常出现的心理问题可能会减少或转移，某些问题可随着时间推移和心灵成长得到改善，但有些情况则会变得更加复杂。

（五）积累性

大学生在成长过程中会受到多种因素的影响，导致他们的心理容易处于困境中。研究表明，学生的心理问题不仅包括一些传统问题，还包括一些新问题。大学生正处于成长的关键时期，常常面临思想上的挑战和发展的压力。

大学生常常遭受周期性的心理困扰，这些问题常常会持续一段时间，但通常会被他们自行解决。在这段时间内一些心理问题可能仍旧存在，而新的问题也会接连不断地出现，这可能会妨碍大学生全面解决现有的心理问题，同时，新老问题交替出现的情况也可能会出现。在这个过程中，由于问题不断累积，学生在成长过程中承受了较大的心理压力。大学生面临的心理问题复杂多样，主要表现在两个方面：一是大学生面临心理困境时，如果旧问题得不到及时解决，又可能会有新问题跟着出现，这些问题交织在一起，进而加重学生的心理负担；二是大学生心理困扰并不是他们进入大学后才出现的，而是在高中、初中甚至更早的时候就出现了。这些问题随着学生的成长未能及时解决，并在积累到一定程度后突然爆发，而大学阶段则是大多数学生心理问题出现的主要时期。

二、大学生常见的心理问题

（一）适应能力差

相较于高中时期，大学学习进度更快、难度更大、涉及学科联系更广，而且学习目标已不再是为升学打基础，而是为未来职业规划做准备。因此，大学生需要养成良好的自学习惯和自主学习能力。由于高中长时间、高强度的学习压力，一部分学生在开始大学学习时难以迅速适应，表现出缺乏自我管理能力的倾向，在学习过程中出现紧张和焦虑的情况。造成这种情况的原因归结为以下几点。首先，生活环境发生了变化。一些学生读大学期间离开家庭环境，因此他们在大学集体环境中没有亲人照顾，并缺乏同学之间的理解和体谅，这使得他们一时难以找到志同道合的同伴，从而感到孤独。其次，学校管理制度的改革。高中教学以教师教授为主，学生自学为辅，而大学则更加注重培养学生的自主学习能力。虽然大学的管理制度看起来非常宽松，但实际上大学学习对学生自主学习能力的要求更高。许多学生从高中时期的紧张模式转换到了大学的放松模式，一时之间很难自发地参加一些有益的活动来提高自己的能力，这会导致某学习兴趣下降，难以合理地应对面临的挑战。

（二）网络依赖性强

网络让生活变得多彩多姿，可网络又存在无法估测的风险，相比传统的媒体，网络作为一种新型的信息交流技术，具有较强的开放性、快速性、隐蔽性。如今，网络使手机成为大学生的"人体新器官"。看微信、打游戏、网上购物等成为不少大学生每天睁开眼做的第一件事。有的大学生走路、吃饭、上课时手机不离手，部分学生沉溺于网络虚拟的社交世界中，从而导致现实人际关系的疏远，进而在现实社会中人际交往能力下降。一些调节能力较差的大学生为了逃避某些压力，躲到虚拟的网络游戏中，把大量时间、精力和金钱花在虚拟的游戏上，从游戏中获得成就感。游戏中也可能存在一些不良内容，腐蚀着大学生的心理健康，在虚拟的游戏世界寻求刺激和获得感会导致大学生难以分清现实和虚拟的界限，进而导致其适应能力越来越差，学习成绩下降，并且由于长时间坐在电脑前，身体免疫功能降低，易诱发各种疾病。

（三）职业发展压力大

如今就业形势并不乐观，每年大量的高校毕业生涌入社会，而且随着产业结构的转型和国有企业改革，劳动力市场也出现了大量的闲置人力资源。由于失业和待岗人员过多，高校毕业生的就业机会被挤占，就业压力更是倍增，这种情况让大学生的就业变得更加艰难。大学生的心理状态处于发展中且不稳定，因此可能会出现不同程度的心理问题。由于就业形势严峻，竞争残酷，客观环境冲击强烈，年轻人在选择职业和就业时可能会面临理想与现实之间的巨大差距，希望和失望之间的冲突，从而导致心理上的极大落差。这些落差如果不能得到妥善的应对和处理，就有可能导致他们陷入难以摆脱的心理问题。许多大学生在应对严峻的就业形势时缺乏必要的心理准备，导致其不能准确评估自己在就业方面的能力，从而导致了就业过程中的盲目性，进而也会引发一些心理问题。

（四）学业焦虑

对学业的高期待以及学业成绩不佳时的不良应对增加了大学生的压力，如学习态度不端正、学习持续时间较短、学习目标不清晰、对自己未来定位不明确等。面对越来越严峻的就业形势和社会生活压力，大学生群体产生了十分强烈的危机意识。在强大的压力之下，有的学生想认真学习，注意力却难以集中，加上同龄人的激烈竞争，"内卷"严重等诸多因素导致了大学生的焦虑、抑郁等心理问题。

三、保持大学生心理健康的策略

（一）学生方面

1. 增强学生的意志力

除了拥有必备的知识和出色的职业能力，大学生还应具备沉稳应对问题的能力和积极乐观的良好心态。通常情况下，那些屡屡失败的人都缺乏直面挑战的勇气，当遇到困难与挫折时，他们往往选择退缩或者放弃。因此，学校需要构建以大学课程为体系的心理健康教育模式，全面管理学生的素质和健康，提高他们的社会适应能力和竞争力，同时增强学生的自我意识，以培养高素质的综合型人才。

2. 提升学生的自我调适能力

大学生常常会遭遇心理问题，因此需要进行心理健康教育，教给他们应对心理困扰的方法，提高其自我调节能力，以有效解决心理问题。大学应该重点教授学生如何利用心理健康知识解决心理问题，并让他们更好地认识自我、发展自我，以便其在成长过程中独立解决心理问题，根据个人需要进行心理问题的控制和调节。

自我调适能力是其中非常重要的一部分，也是心理健康教育的重点。大学生在成长过程中面临许多外部因素的干扰，这些干扰会对他们的内心产生影响。因此，学生是否具备自我调适能力变得非常重要。只有拥有这种能力，他们才能自我调整和独立解决心理问题。学校应重视大学生心理问题，尊重大学生个人立场，探索采用选修课的形式进行心理健康教育，讲授心理健康知识。通过这种方式，大学生可以学习到消除心理问题的方法，有效地掌握调节内心的技能。这样做可以帮助大学生预防和处理心理问题，使其健康成长。

3. 鼓励学生接纳自己的不完美

接纳自己的不完美是大学生建立健康心态的重要过程。通过审视和调整对周围环境和经验的看法和认知，大学生可以更加清晰地认识和了解自己，形成准确的自我概念和认知，通过对自己的认识和反省，可以有效地促进心理健康，并起到预防不良情绪蔓延的作用。当前，部分大学生在进入价值观快速形成时期时存在着对自身心理和生理认知不足的现象。在此阶段，大学生可能会有一种不满足于自己和周围环境的感觉，这样的情绪可能会助长自卑、焦虑和心理的不稳定，进而对大学生的自我意识和心理健康产生消极的影响。第一，大学生应该有一个清晰的自我认知，了解自己的个性和优缺点，同时倾听并接纳来自老师、同学等周围人的评价和态度，以此作为自我反思和建立认知的基础。大学生需要具备总结自身缺点和不足的能力，接受自己不完美的方面，学会挖掘自己身上的闪光点并加以肯定，以增加自信心，形成更全面、更客观的自我认知。第二，大学生需要以辩证的眼光审视自己的缺陷，并用发展的眼光不断地推动自己进步，而不是沉迷于自己的不足。第三，大学生需要认识到自己的优点，并且形成良好的自我愉悦感和自信心，以此塑造健康的心理状态和正确的自我认知。

4. 促进学生积极面对自身心理问题

大学生不仅是家庭的期望，也是国家的未来。大学阶段是一个美好而又特殊的时期，每一个人都怀揣着自己的梦想和热情，并开始逐渐成长为独立、成熟的个体。然而，这个过程也伴随着一些负面情绪的出现，如迷茫、困惑和自我怀疑，及时进行心理疏导和治疗可以帮助学生缓解这种情况。大学生的心理健康管理和心理素质培养问题，对于学校和社会来说是非常重要的。同时，大学生也必须认识到这一问题的重要性，及时发现自己心理方面的问题，积极采取疏导和治疗措施，促进自身的成长和发展。

（二）学校方面

1. 重视学生的群体活动

在考虑提升大学生社会支持能力和构建社会支持体系时，学校需要综合考虑大学生主要的学习和生活都在学校的客观情况。学校应该创建一个良好的社会支持环境，以促进师生之间和同学之间的理解、支持和尊重。这样，学生可以更好地适应周围环境，并积极参与学习和生活中的各种活动，提高自身适应能力。同时，学校应该建立一个合理的考核体系，对教师职业道德和教学质量进行评估。另外，积极鼓励学生参与校内班级建设和群体活动，促进班级和同学之间的联系和互动，并鼓励学生充分利用周围学校和社区提供的资源来解决学习和生活中可能遇到的问题，为学生建立一个健康的心理发展引导体系。

2. 积极推进校园文化建设

校园文化对大学生的心理成长至关重要。学校应该设立更多有助于提高大学生心理素质的渠道，举办一系列活动，促进学生之间的交流，营造一种积极的校园文化环境，并充分发挥学校在心理教育方面的作用。

大学生的首要任务是学习，要想拥有健康的心理状态，大学生必须养成规律的生活习惯，并将完善自我作为自身追求的目标。在大学中，树立良好的学风是多元文化建设的重要方面，也是促进大学生心理健康成长过程中不可或缺的基础。良好的学风有助于大学生在不自觉中塑造积极的生活态度和心理品格。因此，学校需要实实在在地加强校园文化建设，积极组织各种形式的文艺和教学活动，营造出积极向上、多彩多姿的校园文化氛围和校园生态环境。这些举措将对学生产生积极影响，帮助他们更深刻地认识世界，提高创新思维能力，增强创造能力，实现自己的目标。

3. 开设心理健康教育课程

针对大学生心理健康问题，学校应主动利用其资源优势，积极推动大学生心理健康教育课程的有序开展，将其纳入教学管理体系并与教学体系有机结合。学校应意识到学生都是独立的个体，因此心理问题的来源和表现也具有个体差异。为了更好地支持学生，校方需要积极了解他们的内在需求，提供具有针对性的心理指导，建立有效的心理健康教育机制，以便打造完整规范的相关课程体系。在进行大学生心理健康教育课程的教学时，教师需要注重以下几个方面：首先，应基于理论进行授课，同时借鉴海外成功的经验，引进相关技术设备；其次，课程的开设旨在协助学生有效引导自身的心理发展，培养积极的自我认知和社会意识；最后，心理健康教育的课程设置应是科学合理的，同时也需要考虑学生的实际情况。

4. 完善心理咨询机构

学校需要改进心理咨询服务，加大对专业心理咨询的经费和人力支持，以便为学生提供全面可靠的保障。学校应该提供有经验的心理咨询师，与心理咨询机构合作，开展各种形式的心理健康调查。学校还应定期发布调查问卷，确保每个学生都能认真填写，及时发现问题并进行处理。学校需要在基层班级建立心理委员制度，确保对班级成员的心理健康状态进行及时记录并与心理咨询师建立联系，提升学生心理健康教育的效果。

5. 开展学生心理健康社团工作

心理健康教育强调教师和学生之间的平等和尊重，教师以平等的身份进行教育，鼓励学生更好地表达自己的内心情感和性格特点，并在以学生为主角的心理健康教育过程中达到更好的效果。学生在大学心理健康教育中能否自发参与，是衡量教育成功与否的关键因素。

开展心理健康社团工作是促进学生发挥学习主动性的好方法。大学生心理健康社团可以解决心理健康教育教师人员不足的问题，也是学校心理健康教育工作的补充。社团的开展可以推动宣传工作的进行，有效增强学生对心理健康问题的重视程度，增加学生学习心理健康知识的兴趣与热情。通过举办相关的活动，学生自由交流，分享有关心理健康的经验和看法，有助于促进心理教育的实施和开展，对心理健康教育工作具有重要意义。

6. 提高心理咨询人员专业水平

高等院校越来越重视学生心理健康，为此建立和完善心理咨询机构已成为主流做法，以帮助学生缓解焦虑并促进其健康成长。为了确保心理咨询工作的高效性，学校需要提升心理咨询机构工作人员的专业素养和技能水平。这是因为现阶段普通高校心理咨询师的角色大多由辅导员担任，专业知识和技能水平相对不足的问题显而易见。即使学校成立了大学生心理健康社团，但是我们必须清楚，这并不能代替专业的心理健康教育。为了最大化利用心理咨询机构的优势，需要积极鼓励大学生和老师参与心理健康教育活动，提高心理咨询人员专业水平。

7. 构建心理健康教育管理工作体系

学校是学生主要的学习和活动场所，也是开展心理健康教育工作的重要平台。学校应当与就业中心和心理辅导中心保持紧密协作，共同开展大学生心理健康教育工作，并负责向全校师生提供心理健康咨询和宣讲服务。学校应该建立心理健康教育管理工作体系，以提供全面的心理健康教育服务。心理健康教育管理工作体系应包含以下要素：其一是拓展教育覆盖面，确保为全校师生提供心理健康教育；其二是差异化处理学生的心理问题，心理健康教师需要理解每个学生都是独一无二的个体，应该重视他们之间的差异，并根据每个人的特殊情况进行个性化的心理健康指导；其三是定期为学生进行心理健康测试和管理，以确保及时发现并解决学生可能出现的心理健康问题，避免问题进一步恶化；其四是针对特殊人群，应根据其个人能力进行恰当的引导，建立与相应医疗机构的转介对接机制。

（三）家庭方面

对于大学生来说，家庭是塑造其身心健康的重要环境。父母首先需要保持积极乐观的态度，通过自身的言行培养孩子健康的心理素质，促进孩子心理的健康成长。另外，家长需要定期更新教育观念，转变过度注重智育而轻视德育的倾向，关注子女的全面发展，培养孩子全面健康的人格。归根结底，家长需要及时与子女平等交流并以合理方式引导他们。

（四）社会方面

1. 加强社会支持力度

对于大学生心理健康教育，社会支持力度的加强至关重要。大学生志愿者可以通过与外部环境建立良好的社交关系，掌握高效的交流技巧，以自主的方式提升自己的心理健康水平。为了获得真正有效的社会支持，学生需要自发地积极参与社会交往活动，建立良好的信息沟通和情感交流模式。大学生在日常的学习和生活中要积极参与户外集体活动，拓宽人际关系网。社会应该建立与大学生畅通交流的机制，以有效管理学生组织和志愿者群体，这样可以及时了解大学生志愿者的思想状况和心理变化，从而全面掌握他们的情况。考虑经济困难的学生的现实情况，社会应当建立一个合理的资助制度。

2. 优化并构建良好的社会环境

首先，在积极引导方面，媒体扮演着至关重要的角色。随着社会的飞速进步，网络媒体的传播速度与影响力日益提升，成为舆论导向的重要推手。网络媒体在带来方便的同时也可能对社会造成危害，是一把双刃剑。因此，媒体应该利用自己的长处恰当地引导社会舆论，传播积极向上的信息为大学生服务。

其次，社会各界要予以更多的关注。一方面，社会各界可以提供资金上的支持，以扶持那些贫困的大学生，让他们能够获得更好的学习和成长机遇；另一方面，社会应该积极创造更多的就业岗位，帮助大学生减轻就业压力，这也是缓解大学生心理压力的重要途径。

3. 充分利用互联网的优势

随着互联网时代的到来，网络已经成了人们生活中不可或缺的一部分。互联网平等、互助和匿名的特性为大学生心理健康教育和相关辅导提供了有利渠道。对大学生来说，他们可以通过网络进行社交、获取知识、了解世界，而这些也会对他们的认知、性格、情绪和心理产生影响，这种影响可能带来正面的效果，也可能带来负面的效应。尤其是在互联网得到广泛应用的时代，它具备将世界上各种事物相互联系的能力，是联系不同主体的重要枢纽，并为学生和教师提供了新型的获取知识的媒介。当前网络上有很多关于心理咨询和健康辅导的课程和工具可供使用，互联网可以为心理健康教育工作者提供远程心理教学和咨询辅导的机会，并定期进行心理测评。学生在放松自在的状态下更能表现自己的心理健康状况，同时心理教育工作者也更能全面掌握学生的内心状态。然而，单纯依赖互联网学生容易受到负面影响，为此，社会需要进一步加强大学生的网络自律意识，通过有效的心理健康教育可以帮助学生正确理解上网的动机，从而预防网瘾的发生。此外，社会还需要进一步建设先进的网络基础设施，并加强网络内容审核的机制，实现现代化网络体系的优化。

4. 加强心理健康教育队伍建设

随着越来越多的教育工作者加入心理健康教育领域，问题也随之而来：如何在心理健康教育工作中找到自己的定位并适应不断变化的形势。教育工作者只有解决这一问题，才能保证未来心理健康教育工作的长期稳定和有效。虽然如今社会对心理健康教育工作相当重视，但社会上心理健康教育工作者仍处于边缘位置，未能给予其应有的地位。目前，大部分学校的心理健康教育工作由没有经过专业培训的辅导员、班主任等非专业教育工作者代为完成。若希望在心理健康教育方面有一定的发展，社会应该集中资源，加强对辅导员和班主任的心理健康教育专业化培训。

首先，应该确保配备足够数量的心理教育工作者。普通高等院校心理辅导工作需要全校员工共同协作。社会应当为全体员工提供恰当的健康培训，以提高不同级别的管理和工作人员的心理咨询能力。通过这种方式，可以让他们更好地理解传统的心理咨询人员所承受的工作压力，进而保证基层环节的心理健康教育工作得到实际的推广和实施。

其次，需要设立大学生心理健康教育工作者的资格认证制度，确保只有合格的大学生心理健康教育工作者才能从事相关工作。大学生的心理健康教育受心理辅导教师职业素质和能力的影响很大，应定期评估教师的心理健康状况，并做出筛选，只有那些通过评估的老师才能胜任大学生心理健康教育咨询师的角色。

第三章 大学生思想政治教育与心理健康教育的结合

本章探讨了大学生思想政治教育与心理健康教育的结合，强调了二者之间的关联，以及将这两种教育结合的必要性、重要性和可行性。

第一节 思想政治教育与心理健康教育的关系

大学生思想政治教育与心理健康教育的关系是辩证的。思想政治教育的目的是使大学生树立正确的世界观、人生观和价值观，成为符合社会主义需要的全面发展的人，而人的思想观念的全面发展离不开健全的人格和健康的心理，只有让大学生在心理上保持积极健康，才能对他们实施有效的思想政治理论教育，塑造其高尚的道德价值观，促进其健康心理素质的形成，并使其获得良好的社会适应能力。思想政治教育和心理健康教育应该协同合作，相互融合，相互推动，取得互惠互利的结果。保持良好的思想素质是维护心理健康的必要条件，而思想政治教育主要的职责是培养和提高学生的思想素质。

一、思想政治教育与心理健康教育主体的关系

尽管思想政治教育和心理健康教育各自有独立的职责，但它们共同的目标是解决学生在心理和行为方面遇到的问题。由于教育与发展模式紧密相连，因此很难明确它们各自在功能、培养目标及作用等方面的目的和影响。为了在道德教育体系内促进学生的心理健康，大学应当采取必要的措施以提供相应的心理健康教

育。在职业领域中，心理健康教育和思想政治教育都是德育工作的一部分，它们都由学校党委进行集中领导，并属于相同的职能机构。每位学校领导和教师，包括理论课教师，在心理健康教育和思想政治教育相关工作中应尽责。目前在我国高等教育领域，从事心理健康教育的人员主要是学校政工干部、理论课教师和学生辅导员，只有一小部分是专职教师。理论课教师在思想政治教育教学中扮演主要角色，因此这两个队伍在人员组成方面存在着重叠的情况。这些从事学生教育工作的人员经过长期的实践，对大学生的身心健康、学习和生活等方面有深入的认识，工作经验丰富，在开展思想政治教育和心理健康教育方面具有优势。大学生接受思想政治教育和心理健康教育旨在全面提升自身的素质水平，从而成为符合社会主义现代化建设要求的高素质人才。

二、思想政治教育与心理健康教育内容的关系

第一，心理健康是指一个人能正确认识自己和周围的世界，能有效地控制自己，并且没有人格上的缺陷和障碍。我们强调通过思想政治教育构建大学生内心深处的世界，包括塑造个人的观念、态度和价值观，以此提升他们的思想觉悟和道德素养。在进行思想政治教育时注重考虑涉及认知和理性的方面，在心理健康教育过程中更加强调个人内在思维模式对心理健康的影响。传统的思想政治教育模式忽视了人的内在情感及体验，而且仅仅借助口头灌输的方法帮助大学生应对思想问题，但是心理健康教育可以弥补这一不足，有助于大学生更轻松地接受正确的思想政治理论教育，也能够改善他们的精神状态。

第二，心理健康教育丰富和完善了思想政治教育的目标和内容。思想政治教育的重点在于培养大学生的社会公德、道德规范，强调对个人与国家利益的平衡处理，帮助学生认识自然、社会和国家。大学生心理健康教育所关注的核心是帮助大学生认清自我、有效进行人际交往、培养个性化思维、正确应对生活、选择适合自己的专业和职业，以及提升个人心理素质。因此，开展心理健康教育对于实现大学生思想政治教育的目标、扩充和完善思想政治教育的内容具有至关重要的作用，有助于推动大学生人格的全面发展。心理健康教育弥补了思想政治教育的不足。

第三，心理健康教育需要思想政治教育的指导和参与。从心理健康角度来看，

人们的思想对于个人的心理机能影响重大，如个人对社会、群体以及自身的理解和认定，这些认知会受到个体在学习和成长过程中逐渐形成的世界观、人生观和价值观的影响。这表明，心理健康的人需要价值明确、能亲身实践并且适应性强的道德准则。许多心理问题与个体的价值观存在的问题密切相关，这点已由心理健康教育和心理咨询实践证明。因此，在开展心理健康教育时必须与思想政治教育结合，这是必要的。

第四，思想政治教育教师需要掌握形势、政策、路线方针等关键内容，以提高教学质量。相比之下，心理健康教育专业人员则更加专注于心理健康方面的教育。通过实施心理健康教育咨询方法，有助于帮助学生克服在思考过程中出现的心理障碍。此外，还能产生其他效果，如激发他们的创造力、引导他们转变对问题的看法、开辟新的思考途径，以及促使他们拥有积极心态。即使思想政治教育教师有意愿帮助大学生处理人际关系、性格和情绪等问题，但要取得理想的效果可能需要付出更多的努力和时间，难以轻松达成目标。通常情况下，那些从事心理健康教育的专业人士拥有处理此类情况的能力，可以协助进行思想政治教育。

三、思想政治教育与心理健康教育工作的关系

思想政治教育和心理健康教育可以互相促进。心理和思想之间有密不可分的关系，相互作用和影响。心理状态会影响和限制思想的发展和变化，反过来，思想也能够影响和调控心理状态。个人的心理问题也可以成为思想问题产生的因素，这些问题可能包括认知、道德问题等。因此，心理健康教育能够帮助学生解决思维问题，从而达到思想政治教育所追求的教育目标。除了关注大学生心理健康的问题，心理教育工作者需要始终坚持正确的政治观点，将心理咨询与引导大学生形成科学的世界观、人生观和价值观融合，从更高的高度为他们提供全方位的指导。有些大学生可能会遇到心理问题，但这些问题可能与他们的思维方式有关，并不全是由心理障碍所引起的。因此，大学生树立积极乐观的世界观、人生观以及价值观能够有效减轻心理问题。思想政治教育的目标在于通过培养学生的人格完整性，塑造积极、健康的品质和良好的人生观念，提升他们的思想道德水平。考虑到推进人类全面成长的教育理念，这些内在动因在心理健康教育中不可忽视。如果大学生拥有良好的心理状态，那么他们更容易将思想政治教育融入自己的价

值观并付诸实践。心理健康教育为思想政治教育提供了心理支持，拓展了思想政治教育的深度和广度，也为思想政治教育提供了科学的实施渠道。为了使大学生具备良好的道德素养，必须培养其卓越的社交适应能力，使其正确认识自我，拥有出色的情绪管理能力。在实际工作中，思想政治教育与心理健康教育相互渗透、相互促进，共同发挥着育人的重要作用。

第二节　思想政治教育与心理健康教育结合的必要性、重要性及可行性分析

一、大学生思想政治教育与心理健康教育结合的必要性

思想政治教育和心理健康教育相辅相成、相互促进，共同帮助大学生实现人格培养的目标。根据心理健康教育关注个人内心世界和谐发展的独特教育理念，思想政治教育应帮助学生实现自身发展和社会进步、民族未来以及人类命运的融合，达到个人价值和社会价值的统一；协助学生全面提升品德和人格，包括内在和外在两方面的提升。这种思想政治教育不仅更科学、针对性更强，也更有人生色彩，容易取得优异的成果。思想政治教育也可以指导心理健康教育。

尽管心理健康教育的最初目的是帮助学生提升心理健康水平、解决情感问题和缓解负面情绪的影响，但其最终目的是使学生具有适应社会的技能并实现全面发展，实现个人的理想、价值，发挥个人潜力和创造性。人类天生具有社会性，人的本质集中体现了社会关系。因此，实现人的理想与价值必须以社会理想为托手，以社会价值为导向。思想政治教育中包含了许多有益的启示，可用于改善心理健康，如实现价值、提升道德和塑造人格。

（一）二者结合是素质教育的要求

素质是一个综合考虑人的品德、自我控制、适应能力、身体健康状况以及知识储备等多方面的概念。大学素质教育的目标是发展学生的优秀品质。素质教育的目的在于实现大学生多方面的综合性发展，包括但不限于道德、智力、身体、艺术等方面。知识广博和技能强并不意味着一个人就具备高素质。换句话说，一

个人只有在拥有全面的素质时才能被认为是真正完整和健全的人才，仅仅依靠知识和能力是不够的。只有注重提高人才素质的教育才算是完整的教育，而只关注知识的传授和技能的培养是不够的。教育思想的一项重大进步是从单纯注重知识传授转向兼顾能力培养。教育实践的一项重大进步是，由过去重视学生知识和能力的教学转变为更加注重提高学生素质。在素质教育的视角下，一个卓越的人应该展现出知识、技能和道德素养的完美融合和默契协调。仅仅注重学生的知识传递和技能培养只是教会他们如何从事某项工作，而加强学生的素质教育则更多地帮助他们成为一个品德高尚的人。理想的教育应该注重培养学生的个人素养和职业技能，以及权衡、决策和完成任务的能力。

政治教育、思想教育、道德教育（狭义）和心理教育四个方面相互交织、相互促进，共同构成了思想政治教育的体系。各种不同类型的教育会塑造不同的能力，政治教育的目的在于建立和巩固政治立场和信念，从而加强政治素质；借助思想教育提升认知层次和思考能力，进一步促进思维模式的改进；道德教育旨在通过提升个体的道德素养，促进对社会伦理和个人道德问题的思考，并探索相应的解决方案；通过心理教育，个体可以增强心理素质和适应能力，从而更好地应对多变的环境，保持积极乐观的心态。这四种素质是相互支持、相互影响的，在思想政治教育中无法独立考虑。关键在于，心理素质是基于个体先天的生理素质形成的，同时也受到个体先天和后天条件的共同影响，心理素质对于其他三种素质的发展也具有基础性的作用。虽然其他三种素质可以通过后天努力来培养，但为了长期的稳定，它们应该建立在坚实的心理素质基础之上。此外，心理素质还是其他三种素质的核心，具有积极的促进作用，而其他三种素质能够促进心理素质的增强。其他三种素质的增强和巩固实际上建立在强大的心理素质的基础之上，只有达到了心理素质的标准，才能够真正保证其他三种素质的持久性和可靠性，这表明心理教育与政治教育、思想教育、道德教育密切相关。将心理健康教育与思想政治教育有机结合，不仅可以增强心理素质的培养效果，还可以提升政治意识、思想觉悟和道德品质的培养效果。

（二）二者结合是教育对象所处阶段的要求

在大学时期，学生正在经历一个重要的成长阶段，其成长速度相对较快。大学生身处青春期的中间阶段，既有成熟的一面，也有未充分发展的一面。他们正在建立自己的世界观、人生观和价值观，他们通过思考做出选择并不断探索和改进。为了达到预期效果，思想政治教育教师需要准确地了解大学生的思想和心理特征，并为其提供指导和帮助。因社会正处于转型期，年轻的大学生在心理上受到了许多不同因素的影响，包括内在和外在的因素。这种影响可能导致一些心理方面的变化，如自卑、孤独、适应能力差、人际交往困难以及心理压力等问题。思想政治教师面对这些问题往往感到无从下手，然而这正是心理健康教育的长处所在，它可以通过发挥自己的优势来弥补思想政治教育的不足。此外，运用温和而低调的心理教育技巧可成功应对一些心理难题。尽管心理健康教育在培养"全面人才"的过程中具有一定的作用，但它无法有效地解决涉及政治倾向、思维素养和道德素质等方面的问题。加强和改善思想政治理论教育是应对这些挑战的必要手段。许多大学生因为认知不够准确而面临心理问题，因此很难做出准确的自我评价，这种情况可能导致极端的情绪，如自卑或自大。通过接受思想政治教育，大学生能够自我反思，发现自身的长处和不足，以客观的态度对比现实和理想的差距，从而更深入地认识自己，并积极地改进短处，提升心理素质，促进个人成长。如果大学生具备优秀的心理素质，他们将能够更深入地认识自己和社会，能够较为准确地分辨对与错，更好地处理利益关系，这会帮助他们养成崇高的思想和政治意识，同时塑造出良好的道德价值观，这些品质将促使他们积极主动地面对各种挑战和困难，成为具备全面发展能力的人才。在大学期间，学生面对的挑战不仅涉及政治、思想和道德方面，还包括专业、生活、情感等多个方面。因而，将思想政治教育和心理健康教育融合，采取更为切实可行的教育方法，才能取得更加明显的教育效果。

（三）二者结合是思想政治理论教育发展的要求

在当今教育领域，可持续发展是一个越来越受到重视的主题，大学也越来越注重学生的人格发展。在面对新的情况和问题时，思想政治理论教育需要做出新的抉择并迎接新的挑战。传统的思想政治理论教育已经不能满足当代大学生身心发展的需求，因此大学需要根据现实情况的变化灵活调整思想政治教育的方式，尝试新的教育模式、探索新的教学内容、使用新的教学方法来丰富和提升思想政治理论教育的效果，实现心理健康教育和思想政治教育的有机结合，让大学生的道德水平和心理健康水平同时得到提升。将思想政治教育与心理健康教育相结合，可以更全面地关注大学生的内心感受和行为表现，避免仅仅通过单一的理论授课来解决他们的思想问题。这种举措可以积极地影响大学生认知、情感和意志的形成和发展全过程，此外，促进大学生心理健康，使其能够积极面对思想政治教育，并构建强大的心理支柱。支持大学生全面成长，帮助他们积极乐观地迎接社会生活中的种种挑战。随着时代的进步，社会竞争日益激烈，这在经济、价值观、思维以及人际关系等方面给人们带来了深刻的影响。随着市场经济的迅猛发展，对杰出人才的需求日益迫切，这使得许多正在接受教育的大学生在个人心理方面面临困境和挑战。随着市场经济的发展，对人才的要求变得越来越高，这给大学生带来了一些心理冲突和困惑。因此，思想政治理论教育必须不断创新，从观念、内容、方法手段、队伍建设等方面入手，适应新的要求，跟上时代的步伐。将思想政治教育与心理健康教育相融合，既可以满足大学生心理健康教育的现实需求，也是大学生思想政治教育跟上时代发展的必然需要。

（四）二者结合是心理学发展的要求

我国加入世界贸易组织后，全面现代化的进程得到了进一步加快，不仅人们的心态与认知方式发生了改变，生活方式也发生了显著的变化。为了让我国特色社会主义事业不断发展，并且有可靠的人才接班，国家制定了科教兴国和人才强国的发展战略。为了与时俱进，应当通过加强和改进大学生的思想政治教育提升他们的心理素养和思想政治品质，这样可以为新时代的中国特色社会主义建设培养具备能力的大学生，这同样是确保我们在激烈的国际竞争中不断发展所必需的措施。在过去的一段时间里，大学一直注重对大学生的思想政治教育，目的在于使其可以运用马克思主义的基本理论和方法去理解和认识世界。此外，大学还鼓励大学生坚定自己的革命信念，以此巩固其辩证唯物主义的世界观和人生观。但大学生心理素质和社会适应能力等关键方面没有得到足够的关注，缺乏心理学方法来处理这些问题。因为缺乏适应环境和应对意外情况的技能，许多大学生进出校园时可能会遇到困难，此外，他们往往会过分理想化和简单化地思考问题，这些问题的产生与教育实践中出现的单一倾向有一定的联系。另外，很多大学忽视了心理健康教育的重要性，没有长期的投入，这导致很多大学生缺乏对自己心理健康的认知。如今的学生所面临的心理压力与传统思想政治理论教育脱节，需要采用新的教育方式以有效缓解其压力，只有将思想政治教育与心理健康教育紧密结合并有针对性地实施，才能取得更显著的效果。因此，大学应将心理健康教育融入思想政治教育的框架之中。

二、大学生思想政治教育与心理健康教育结合的重要性

（一）心理健康教育对于思想政治教育的积极影响

1.有效地增强思想政治教育的科学性

大学生的心理健康是指他们能够正确地认识和评估自己、他人以及周围环境，并且具备有效的自我调节能力，可以与人建立良好的关系，没有人格障碍和缺陷，心理和行为之间能够协调和谐地发展。大学生思想政治教育的重点在于关注大学生的思想表达，思想政治教育与心理健康教育结合旨在引导和培养他们正确的动机、态度、理想和信仰等。通过这种教育帮助他们树立正确的世界观、人生观以及价值观。心理健康教育旨在透彻地理解人类潜意识中的情感和行为活动，引导大学生树立正确的心理观念，摒弃教条主义和灌输式的教育方式，以便更好地应对他们在思想方面遇到的挑战。思想政治教育与心理健康教育结合有助于全面培养大学生的认知、情感、意志，从而维持他们的心理健康状态，并创造积极的心理氛围，以提高教育的科学性和合理性。

在实施大学生思想政治教育时，应考虑到大学生的认知方式和行为模式，并意识到他们会受到心理活动和其规律的影响。由于传统的思想政治教育在认知上未能充分考虑到大学生的个体差异及其发展需求，忽略了他们自我引导的作用，同时低估了人的心理素质对思想品德的影响，因此难以在大学生中引起共鸣。通过研究人类心理和生理机制的共性，可以提升思想政治教育的科技含量，进而提高其实际效果。在思维培养方面，可以特别强调心理学对于思维培养的重要性，并运用心理学的原理和技巧提高学生的思维水平。通过运用心理健康教育的原则，以及心理疏导法、意志激励法、改变氛围法等技巧来引导实践，可以提高思想政治教育的科学性。

2. 有效地增强思想政治教育的预见性

目前的思想政治教育存在着预见性不佳的问题，这主要表现在以下两个方面。

第一，认知偏差。不充分重视思想教育是导致预见性不佳的关键因素。由于认知瓶颈的存在，思想政治工作往往局限于表面形式，难以落到实处，无法有效地防范相关问题的发生。

第二，超前性差。主要表现如下：一是教育内容上不连贯、不完整、不具有系统性；二是教育方法上重形式、说教与言教，轻内容、疏导和身教，工作方法模式化，缺乏创新；三是过于重视大学生党员和学生干部的成长和培养，而忽略了中层学生的教育，特别是那些学习进度较缓慢的学生，未能付出足够努力进行思维转化；四是"两课"教学存在着不足，主要表现为理论和实践缺乏平衡，以及缺乏吸引人和说服人的能力，课堂传授的知识与现实生活之间存在明显的脱节。

为了让思想政治教育工作能够更有效地展开，教师需要深刻认识大学生的心理状态和行为方式并了解他们的特点，同时，还需要将心理健康教育与思想政治教育相结合，形成全面的教育过程，使两者相互融合、相得益彰。人的心理状态对外部客观事物的影响决定了个体不同的反应和行为表现。要提高大学生的思想政治素质，思想政治教师需要深度理解学生的内心感受，认真倾听他们的思考和看法；需要利用心理学的理论和实践成果，认真研究大学生的心理状态和特点，发现学生存在的心理和思维问题，及时解决学生在思考和行为上的障碍，提供有目的的帮助和指导。这样才能增强思想政治工作的前瞻性和主动性，帮助那些存在心理困惑和障碍的学生，给予他们必要的支持和帮助。

3. 有效地增强思想政治教育的针对性

传统的思想政治教育方式没有针对特殊群体的特点进行研究，这是其最主要的短板。由于不同年级的大学生呈现出不同的心理状态，因此需要对他们的心理特点进行研究。大学生在不同阶段面临的问题不尽相同，新生时期主要面对适应新环境、新生活的困难，而毕业生则更加关注择业和未来发展，也有可能面临恋爱方面的问题。传统的思想政治教育没有充分考虑到对不同群体的研究，如针对男女大学生、不同社团组织的研究，以及在不同历史时期探究大学生的思想和心理特征的差异，忽略了心理方面的特别因素。大学生具备广泛的知识面和多方面的优秀能力，是需要全面发展的人才。因为每个人在气质、性格和能力等方面都有差异，教师必须因材施教，在思想教育方面注重个体差异，如果没有考虑到每个学生的独特性，就很难达到教育的预期目标。大学生产生逆反心理的主要原因在于教师在教学中采用了过于极端的措辞，过度夸大或批评了某些人或事情，这使得学生对这些观点产生了反感。与此同时，一些教师采用的教学方法太过霸道、不加思考，加之态度高傲、缺乏说服力，从而导致学生对学习产生反感。因此教师需要更加注意对于学生"挫折心理"方面的个性化研究不足的问题，如果缺乏适当的指导和协助，有些大学生在遇到挫折时可能会情绪失控、感觉紧张不安等，甚至可能导致心理障碍、行为异常，对他们的身心健康产生严重影响。

　　将思想政治教育和心理健康教育紧密融合可以切实解决当前思想政治教育缺乏实践性和针对性的难题。教师要利用心理学的基本原理，通过研究大学生之间的个性差异，并针对每个人的特点采取个性化的教学和辅导方式，帮助学生挖掘和培养他们自身的天赋和才能，并取得出色的教育成果。为了有效处理大学生的问题，教师需要了解他们的思想和心理特点，并以公正客观的态度处理每一件事情。此外，教师可以运用理性的方式来说服他们。要想取得更优秀的教学成果，教师必须学会科学的教学技巧，具备出色的演讲技能和强大的教育影响力，与大学生进行心理交流和沟通时应当倾听他们的想法和感受，以真诚温暖的态度与他们沟通，用极具人情味的语言表达自己的观点，这样才能更容易得到他们的认可和理解。针对不同的情况，教师采取不同的心理健康教育方面的措施，帮助学生调整心理状态，创造舒适的心理环境，让他们可以毫无障碍地表达烦恼和忧虑。教师可以通过交流、询问意见等方式为遭受挫折的学生提供发泄情绪的场所和机会。为了有效地引导受挫的学生，教师需要考虑他们的心理现状，有针对性地进行引导，使他们深刻理解自己的问题，并且认真听取忠告和建议。

（二）思想政治教育与心理健康教育结合有利于共同发展

　　经过长期实践，大学生思想政治教育已经建立了一套经得起检验的原则和方法，包括将理论与实际相结合的方法。这些原则与方法的有效性在于它们不仅遵循了思想政治教育的客观规律，还兼顾了人类心理行为的规律。因此，大学应采纳这些科学理论和方法，并将其应用于心理健康教育，以推动心理健康教育的科学化进程。将这两者紧密融合具有极其关键的意义，有助于推动两者的共同进步。

1. 二者结合极大地丰富了自身的内涵

除了在心理健康教育方面扮演主要指导者的角色，思想政治教师还在协助治疗方面发挥了重要作用。思想政治教师的任务不仅限于组织教育活动，更需要关注学生并与之建立紧密联系，成为他们的朋友。此外，思想政治教师也应该致力于获取学生的内在信息，重视挖掘其潜力，而非仅仅进行道德知识的传授。大学实施思想政治教育是为了促进大学生全面成长，培养其德智体美劳等多方面的能力，从而满足社会发展对人才的需求。我国目前的教育目标是培养具备良好思想道德素养、具有高尚情操和健康人格、了解国情民情和具备国际视野的新一代人才。大学教育需要高度重视思想政治教育，要培养具有卓越思想和政治素养的人才，同时，为了适应新时代的教育需求，也需要加强思想政治教育和心理健康教育。大学旨在通过心理健康教育改善大学生的心理状态，提高他们的心理素质，让大学生在保持心理健康的同时，增强应对困难的能力，塑造顽强意志，并提高适应社会生活的能力。此外，大学在心理健康教育方面的目标是推动全面素质教育，培养身心健康、具备创造性思考能力和实践能力的高水平人才，这表示大学必须在思想政治教育中融入心理健康教育。心理健康教育在思想政治教育中扮演着至关重要的角色，它有助于弥补思想政治教育的不足之处，使之更加完整，两者互为补充，共同发展。

2. 二者结合拓宽了传统思想政治教育的渠道

传统高校通常采用讲授和考核等方法对学生进行思想政治教育，以期提高学生的思想道德素质。这些方法虽然重要，但在实践中通常过于关注外在强化和社会期望等外部因素对行为的影响。在心理健康教育中，教师的角色已经从传授和引导转化为支持和推动，同时，他们也成了治疗者，帮助学生实现心理健康。心理健康教师利用多种理论，如精神分析和行为科学等，探索学生内在的潜能，并辅助他们解决内在问题，从而促进他们的心理健康。另外，传统的思想政治教育将学生视为社会环境中不可或缺的组成部分，将他们放置在更广阔的社会背景下。而在心理健康教育中，更注重学生的成长与发展，特别关注每个人在人际交往中所具有的特点，并为其提供相应的指导和帮助。将心理健康教育与思想政治教育有机结合，有助于创新思想政治教育的途径和方式，提升其科学性和实际运用价值。

3.二者结合使内容得到有效的完善和补充

在传统的思想政治教育中，培养学生正确的政治观、社会观和人生观是重中之重，但是对于学生个人品德和心理状态方面的关注相对较少，常常忽视了学生在适应社交环境、自我调整、情绪管理以及与人交往方面的能力。心理健康教育包括改善个人品格、提升心理调整能力以及促进人际交往等多方面，在一定程度上填补了思想政治教育在这些方面的不足。将心理健康教育与思想政治教育相融合，可以囊括思想政治教育中那些被忽视的方方面面。通过这种融合，教育内容可以得到更丰富、多样化的呈现。除此之外，大学生的思想政治教育主要面向整体学生群体，强调普及教育，往往无法考虑个别学生在思想和心理方面的特殊情况。在互联网广泛普及的情况下，大学生思维异常敏捷，尤其通过接触丰富的新事物，他们的思考方式愈发多样化和复杂化。虽然整体起着重要的作用，但局部的重要性也十分突出，不可忽视。若忽略学生的个人情感状态，可能会不利于培养其集体意识。将思想政治教育与心理健康教育融合，可以为那些遇到思想与心理问题的学生提供支持和启发，帮助他们走出成长和发展中的心理困境。通过深入探究问题根源，调整分析问题的视角和思考模式，激发学生积极向上的心态，从而填补思想政治工作的不足之处。

4.二者结合有效增强了大学生思想政治教育所取得的教育效果

思想政治教育的成效取决于众多因素，如教师的素养、教学方法和策略，还有学生内在的心理状况等。思想政治教育的效果与学生内在的心理状态密不可分，学生的心理状态关乎他们是否具备接受并运用所学内容的能力。若学生内心存在负面思想或心理问题，则会表现出消极的态度和行为，这将极大地削弱教育的功效。大学生具备快速适应新事物的能力，但缺乏坚定的意志和自我控制能力，容易受到社会上不良观念和行为的影响。大学的核心使命和职责是培养全面发展的社会主义建设者和未来的接班人，使其具备德、智、体等方面的素质。由于受到传统教育方法的影响，大学更加注重在思想和道德方面进行学生教育工作。尽管传统的思想政治教育方法在处理普通问题时很有效，但对于学生的心理问题则难以达到预期效果，或者根本无法解决这类问题。如果学生心理问题一直没有得到有效解决，那么思想政治工作的效果将不如预期。这说明，仅仅以思想和道德品质培养为基础进行思想政治教育是不够完善的。因此，大学实施心理健康教育不仅拓宽了思想政治教育工作的途径，还完善了教师在思想政治工作中的策略和技巧，使教师从一个全新的角度更加全面地理解问题。年轻一代的大学生对未来充满了热情，然而，现实情况也让他们面临着各种不同的挑战和困境。思想政治教育和心理健康教育相互融合，可以帮助学生克服困难，迎接挑战。

5. 二者结合可以健全大学生人格，促进大学生健康成长

众所周知，学校教育的目标远不止于教授知识，它的另一个重要目标是培养大学生的人际交往能力、社会适应能力、情感管理能力等。一个健康的人需要保持身体健康强壮，并保持心理健康和稳定。大学生身处的人生阶段是重要的，能够显著影响他们的身心发展。在此阶段，大学生所形成的观念和经验会深刻影响他们日后的人生。大学生正处于青涩与成熟之间的阶段，一方面，他们认可社会的多元化，认为这种多元化可以为他们提供更多的机遇；另一方面，他们也感到困惑和不确定，因为一些情况正在发生变化。大学生在心理尚未成熟的阶段面临着许多变化，这些变化可能会对他们的心理产生负面影响，引发多种心理问题。这些问题会对大学生的身心健康和适应社会的能力造成不利影响。对于处于这种困境的大学生，大学的德育工作者面临巨大考验，他们的使命十分艰巨而有挑战性。尽管思想政治教育无法确保每个学生都成为坚定的马克思主义者，但需要确保他们都成长为心理健康的个体。只有在确保学生健康状况良好的前提下，才能努力培养出中国特色社会主义的建设者和接班人。当前，大学生思想政治教育面临着许多难题，其效果不尽如人意，引起了不少学生的关注。许多学生认为，实际情况与理论教育之间存在较大的落差。造成这一现象的重要原因就是社会的影响，大学在推行思想政治教育时应当把学生的心理健康问题纳入关注范围，并采取积极的心理健康教育措施。同时，大学生积极推进思想政治教育与心理健康教育相互协调，巧妙地融合这两个因素，不仅能提升学生的自信和沟通技能，帮助学生打造积极健康的心态，还有助于净化学生内心，促进学生健康成长。

三、大学生思想政治教育与心理健康教育结合的可行性

大学可以将思想政治教育和心理健康教育有机地结合起来，这不仅是非常必要的，而且也是可以顺利实现的。这是因为将两者融为一体能够自然而然地呈现

出其必然的关联性。以下所述内容展示了将两者结合起来的可行性。

（一）二者有共同的教育主体

首先，从教育内容来看，思想政治教育和心理健康教育都是高校德育工作的一部分，必须由高校教师一起关注和实施。其次，这两个教育项目的目标都是帮助大学生树立正确的心态和行为规范，帮助大学生增强对自我和周围世界的认知、情感和行为意识，以便他们能够正确地理解并面对现实。

（二）二者结合的重要前提条件——大学生的内在需要

大学生思想政治教育的目的在于通过研究和正确引导学生，激发并促进他们的创造性思维和积极心态。因此，在大学生思想政治教育中，心理健康教育可以被看作其中的一部分。大学生思想政治教育旨在帮助大学生调整情绪和情感状态，为了得到更好的效果，应该把思想政治教育和心理健康教育进行整合，整合之前需要仔细探究并说明这种整合的心理运作原理。

人类天生就有一种情感和本能被称为需求，是我们对外界事物做出的内在反应。一个人的行为受到思想的驱使，但更根本的原因在于需求，因为需求是控制行为的最基本因素。人人都应该全面挖掘自身潜能和特长，力求成为一个完美的人。人类天生具有表达自我的需要。以上情况说明，人的内在需求是引导其行为的最终动力。通常情况下，当一个人有一定需求却无法得到满足时，会产生紧张情绪，而一旦有机会或方法满足需求，这种紧张情绪就会变成积极的情绪。因此可以得出结论，最初的奖励机制驱动了行为的发生，随之而来的是产生新的需求和欲望，这些需求和欲望又会形成新的奖励机制，促进行为的进一步发生。这是一个持续的过程，促使人们持续探索自我。

因为人类有各种不同的需求，所以会产生不同的行为后果。作为旨在引导人们做出正确行为的学科，思想政治教育的任务之一是在合理范围内平衡人们的心理需求，为了取得更好的效果，思想政治教育必须结合心理健康教育。为了更好地促进大学生的心理积极健康成长，从事大学生思想政治教育的人员需要深刻地了解大学生的心理状态和需求。将心理健康教育与思想政治教育融合，能够有效地满足大学生的心理需求，有助于推动大学生全面健康成长。

大学生思想政治教育在尊重大学生内在需求的前提下，通过正确的动机和价值观来引导他们的行为，进而实现教育目标。考虑到学生的情绪和想法的多样性和复杂性，简单的措施或行政规定难以取得预期的成效，作为大学生思想政治教育工作者，需要深刻了解大学生的心理状态和情感特点，进一步了解他们内在的情感世界。这样可以更好地掌握他们的思想转变方向。在此基础上，教师可以运用合适的心理健康教育策略，有效解决大学生的思想问题。

另外，在进行大学生思想政治教育时，教师应该充分意识到大学生的需求各不相同，有不同的层次和形式，应该从满足他们的实际需求出发，进行科学分析，并尽量满足他们的诉求，从而激发他们追求高尚理念的动力。在帮助学生提高并满足他们需求的过程中，教师需要关注和识别大学生潜在的心理问题，并进行适当的心理健康教育，以保障学生身体和心理的健康，并帮助他们塑造稳健的个性。那些遭遇了心理挑战和障碍的学生需要接受治疗性和纠正性的心理咨询和辅导，以帮助他们克服困难并恢复心理健康。通过融合思想政治教育和心理健康教育，促进大学生身心全面健康成长。

（三）二者结合的重要基础——互补性

首先，思想政治教育和心理健康教育能够互为补充。一方面，大学通过思想政治教育指导学生树立正确的认知和道德标准，使其具备正确的世界观、人生观和价值观，另一方面，大学着重培养学生的道德素养，以此引导他们树立正确的理想信念，具备高尚的道德品质。虽然大学生思想政治教育能够提高学生的道德素质，教育学生如何处理个人、国家和集体利益的关系，但在推进心理健康教育，指导学生如何客观地认识和审视自己、如何处理人际关系、克服心理障碍和选择职业等问题时还需要投入更多的关注。因此，大学需要更加关注和强调提升学生心理素质的重要性和必要性。从这个角度来看，大学生心理健康教育的推广和完善弥补了大学生思想政治教育的短板。大学借助自身的优势和特色开展心理健康教育，弥补了思想政治教育在教育成效方面存在的缺陷。这样的教育可以促进学生全方位的发展，塑造其完整健康的个性，增强其心理素质以及应对困境的能力。

其次，在大学生心理健康教育中对学生进行思想政治教育具有重要意义。心理作用对人类的影响源于人类内心更深层的意识和思维。个人意识对于自我认知、群体认知和社会认知都会产生限制性影响，从而塑造个人心理表现。大学生的思想观念是在接受高等教育和平时生活中不断形成和积累的，他们逐渐形成的信仰和价值观念影响了他们的思想。这意味着，大学生要具备清晰的道德导向，同时还需要具备一定的适应性。此外，价值观的混淆也是心理问题出现的原因之一。树立正确的价值观对大学生来说非常重要，大学生思想政治教育在这一方面发挥着独特的作用，它可以达到心理健康教育所无法达到的效果。缺乏明确的价值观可能是导致心理问题的因素之一。在大学生涯中培养正确的价值观是尤为关键的，大学生思想政治教育不同于其他教育方式，其在大学生价值观培养中所起到的作用可以为心理健康教育提供特殊的辅助效果。

再次，这两者的工作方法相辅相成。在思想政治教育过程中，许多大学生的道德观念和心理状态会对其思想状况产生影响，因此，在进行思想政治教育时有必要深入探究大学生的心理活动规律，以便采取更为切实可行的措施来解决相应问题。只有因材施教，才能达到事半功倍的效果。有效的心理健康教育能够为思想政治教育提供支持，有助于保障其稳定实施。增加必要的心理咨询活动并建立真挚的交流与引导方式，有助于缓解大学生的心理焦虑，促进其心理和谐状态的建立，从而提高大学生思想政治教育的影响力和吸引力。

最后，大学的思想政治教育工作者需要遵循马克思主义理论的原则，同时拥有相关领域（如心理学）的知识和技能。为了使思想政治教育活动顺利开展，他们需要熟练掌握并运用心理学理论和方法。心理健康教育方法不仅可以提升大学生思想政治教育的质量，还可作为一种有益的补充。大学生思想政治教育工作者可以参考心理健康教育的做法，给大学生提供实用的支持方式，帮助大学生处理人际关系、情感和心理的问题。相比于思想政治教育工作者，心理健康教育工作者拥有更丰富的专业技能和处理方法，可以为思想政治教育提供更加灵活的心理支持。将大学生思想政治教育与心理健康教育有机地结合起来，可以有效提升心理健康教育在思想政治教育中的重要性和影响力，进而帮助教育工作者更好地引导和教育学生。这个方法能够帮助思想政治教师认识到他们需要改进的地方，并投入心理健康教育教学技巧的学习中。这样做可以进一步提高教学质量，提高大学生道德素质和心理素质。

在大学开展心理健康教育时，应当依据高等教育的政治原则进行教育。大学应该秉持正确的政治方向，并采取可行的心理咨询和辅导措施，以解决学生在行为方面所遇到的困难。这种方法能够激发学生的学习和生活动力，增强他们的心理韧性，同时帮助他们克服心理障碍。大学生心理咨询工作是一种新的方式，有助于推动大学生思想政治教育体系化和科学化，大学应该探索更加先进的、有远见的、切实有效的思想政治教育方法，在心理健康教育的成功实践中寻求灵感。思想政治教育的要求之一，是培养大学生健全的人格、最佳的心态和良好的情绪等，而作为社会主义精神文明建设中至关重要的任务之一，心理健康教育是思想政治教育的重要补充，能够协助开展思想政治教育，不会改变其根本目的，也不会影响心理健康教育的特点和内涵。整合心理健康教育有助于扩大思想政治教育的范围和效力。

（四）二者结合有相应的理论依据

在大学进行思想政治教育和心理健康教育时，需要遵循思想政治教育心理学这一学术理论的指导。这一理论将心理学中的相关理论与思想政治教育相融合，基于教育目的和实际教育工作，为大学生思想政治教育提供了可行的理论支持。作为当下大学生思想政治教育和心理健康教育结合的重要学术基础，思想政治教育心理学具有综合应用和实用的特点。这个学术理论的存在为大学提供了思想政治教育和心理健康教育结合的可行性。

第三节　思想政治教育与心理健康教育结合的路径

一、在观念上实现二者的结合

大学生思想政治教育与心理健康教育的结合首先体现在观念方面。在进行理论创新和实践变革时，需要一个思想框架作为指导，以引发思考并激发创意。如果没有这个思想框架的引导，两者的结合就不会产生良好的效果，即思想政治教育与心理健康教育无法有机融合。

（一）明确心理健康教育在大学生思想政治教育中的定位

为了将大学生思想政治教育和心理健康教育有机地结合起来，必须明确心理健康教育在大学生思想政治教育中的关键地位和重要性。可以通过分析心理健康教育和思想政治教育的内涵和意义，以及它们之间的联系来对此进行研究。总的来说，尽管心理健康教育和思想政治教育有本质的差异，但它们在一定程度上也相互关联。随着大学生心理问题的日益突显，思想政治教育也面临着一系列问题所带来的影响和挑战。因此，大学应该十分注重心理健康教育，并将其有序地融入思想政治课程，以帮助学生妥善处理心理问题，促进他们道德和价值观的养成，同时帮助他们塑造正确的人生观和世界观。

在某种程度上来说，心理健康教育是大学对学生进行思想政治教育的必要组成部分。常说的思想政治教育是由以下两个方面组成的。首先是通过政治教育塑造学生正确的政治取向和坚定的政治信念，并提高他们的政治修养。其次是培养学生积极向上的思想品质和正确的价值观，这是思想教育和道德教育的主要任务，教师会采用多种方式和手段来达成这一目的。深入研究思想政治教育的实施过程，我们可以清晰地发现，在这些教育领域中，心理因素具有重要的影响作用。心理是思想和品德的重要组成部分。每个人的思想政治品质都建立在其特定的心理机制和形式的基础上。此外，每个人的思想政治素养都是通过基本心理过程中的情感、信仰、意识等运动和变化得以形成的。因此，在大学生思想政治教育中，心理健康教育具备不可替代的重要性。

在大学生思想政治教育中，心理健康教育具有至关重要的地位。因为大学生正值青春年华，朝气蓬勃，他们渴望获得新的知识，与他人进行交流互动，追求成功和成就，他们怀抱着热忱的心态积极投身于社会的各个领域。随着我国的经济和政治体制不断深化改革，社会环境也在不断转变，这些变化对大学生的心理健康产生了深刻影响，让许多学生难以适应。因此，一些学生出现了焦虑、烦躁、偏执和抑郁等问题，这不仅对他们本人的生活造成了极大的困扰，也给周围的同学带来了负面影响。此外，这些心理问题可能会导致大学生对周围环境和社会感到不信任或不满。当前社会的文化背景变得越来越复杂和多元化，这对一些大学生的思想和行为产生了影响，导致一些学生过度追求金钱和享乐，或者表现出过度的个人主义倾向。这些心理和思想问题的存在会对大学生的身心健康造成负面影响，同时也是大学实现思想政治教育目标的重要障碍。改变这种状况需要心理健康教育的协助。因此，在大学生思想政治教育中加强对学生心理健康的教育至关重要，必须给予足够的重视和关注。

（二）树立以人为本的共同的教育理念

教育理念是教育体系的中枢和基石，对教学内容、方法、工具等方面的改进以及促进教育改革至关重要。为了获得更好的效果，需要将思想政治教育和心理健康教育两种理念相融合。只有在教育理念达成共识的基础上，才能探讨如何将其转化为具体的实践。所有的教育形式都注重人的需求，都在向学习者传授知识和技能，其中包括思想政治教育和心理健康教育。尽管思想政治教育的目的在于增强学生的社会意识并维护社会稳定，然而其根本目的在于激励和推动人类向前发展。心理健康教育旨在帮助人们走出心理上的困境，将人置于教育的中心，树立以人为本的共同的思想政治教育和心理健康教育理念是至关重要的。为了更好地进行大学生思想政治教育和心理健康教育，贯彻"以人为本"的理念，需要对目前大学的教育工作进行创新和改进。

在大学生思想政治教育和心理健康教育中应该以学生为核心，这一点非常重要。将学生放在教育活动的核心位置，意味着教师需要根据学生的需求和成长情况来设计教育内容和方法，以满足他们的学习需要。以学生为中心，意味着学校要根据学生个体差异和需求来定制个性化的教育课程。教育的中心是学生，教育的目的在于促进学生身心健康成长。

只有贯彻以人为本的教育理念，大学才能充分推进思想政治教育和心理健康教育工作，并取得实质性的成果。这种方式可以保障大学生思想政治教育和心理健康教育的有效开展，并且使教育内容和方法相互融合，促进教育工作的顺利推进。

二、在教育目标与内容上实现二者的结合

思想政治教育和心理健康教育对于大学来说至关重要，必须给予充分的关注和重视，它们的教育目标和内容设计也需要认真筹划。要开展心理健康教育和思想政治教育，必须先确定恰当的教育目标和课程内容。思想政治教育和心理健康教育紧密联系，因此需要进一步整合相应的教育目标和内容。

（一）二者在教育目标上的结合

思想政治教育和心理健康教育旨在培养高素质人才，以实现个人和社会的共

同发展，这是它们的最终目的。只有满足这样的先决条件，才能实现二者的融合。然而，这两者在具体的目标上存在差异，它们侧重的方面也各不相同。

　　思想政治教育是一种教育手段，旨在通过传授特定的思维方式、政治观点和道德规范对人们进行影响和引导，使其具备符合社会需要的思想品德。[①] 换句话说，思想政治教育的主要目标在于培养人们符合社会要求的道德思想观念。在特定社会和阶级观念的指引下，个人通过言行举止表现出一系列相对恒定的心理特质、思维取向和行为习惯，这些特质、取向和习惯的集合称为"思想政治品德"。[②] 换句话说，一个人的精神素质涵盖了他的内在世界、思维方式及行为方式等诸多方面。因此，思想政治教育应该涵盖情感、认知和行为这三个方面的目标。心理健康教育的关注点在于探讨人的心理维度，以期提高学生的心理健康水平。这种教育致力于帮助学生提高心理健康水平，重点在于让学生更好地认识自己，调节自己的情绪，有效应对挫折，并培养良好的人格品质。这说明思想政治教育的教育目的更加宏观，而心理健康教育的目的则更注重细节。因此，只有将思想政治教育与心理健康教育目标融合到一起，从整体和细节两个层面全面解决大学生培养问题，才能更好地促进思想政治教育和心理健康教育的双向提升。

　　一方面，在思想政治教育中，需要更注重对大学生的人文关怀和心理支持。在当前的情况下，教师需要密切关注大学生的心理需求和发展情况，特别是在进行思想政治教育工作时，必须深入研究大学生的心理特点，同时要尊重他们作为独立个体所具有的特质。除了鼓励大学生树立正确的认知和价值观，教师也应该注重他们的心理健康，帮助他们平衡情绪，培养健康的心理。在进行思想政治教育时，教师需要考虑到大学生的思想品德和心理成长的相关规律，这两个方面应该同等重视。为了促进大学生的心理健康发展，教师需要重视专业化的心理健康教育，以帮助他们消除内心的疑虑和担忧，并为他们提供必要的支持和帮助，使他们逐渐学会自我情绪控制和解决问题的技能。这种方法可以保证大学生的身心健康，减轻大学生心理上的负担。采取这种做法有助于提高大学生在心理方面接受思想政治教育的程度，并且能够增强思想政治教育的实际效果。

[①]　胡国义. 思想政治教育价值论 [M]. 杭州：浙江教育出版社，2009.

[②]　崔华前. 当代大学生社会主义核心价值体系教育机制研究 [M]. 合肥：合肥工业大学出版社，2012.

另一方面，在心理健康教育工作中，教师必须切实践行价值引领的原则。面对当前情况，教师需要将心理健康教育的范围扩大，更全面地关注社会各个群体的心理健康，而不仅仅局限于大学生个人心理问题。随着经济水平的提高和社会的变迁，人际关系变得越来越紧密，同时社会环境也变得越来越多变，大学生的心理状态受到外部环境的持续影响。为了更好地处理大学生的心理问题，需要帮助他们建立一种价值观体系，该体系既适合个人的发展，也适应社会的发展。只有这样，大学生才能在应对复杂的社会环境时保持敏捷和清晰的思维，进而做出理性的判断和价值选择。因此，在开展心理健康教育工作时，引导大学生树立正确的价值观是必要的，这是解决大学生心理问题的根本途径之一，同时也可以提升心理健康教育的质量。

（二）二者在具体内容上的结合

大学生接受的思想政治教育和心理健康教育有很多相似之处，它们的内容和重点也有许多相通之处。大学生的意志和理想信念可以通过开展思想政治教育和心理健康教育得以提高。因此，将高等教育中的思想政治教育与心理健康教育相融合，不仅是必要的，也是行得通的。此外，教育应具有广泛的覆盖范围，将两者融合。

第一，大学生的思想政治教育应该着眼于引导大学生树立正确的生活观、价值观和道德观。对大学生进行世界观、人生观和价值观的培养是非常重要的。这不仅能够解决大学生的心理问题，还可以为他们的身心健康打下重要的基础，同时也是大学生思想政治教育的重要目标之一。除了提供理论教育，引导大学生形成正确的世界观、人生观、价值观，还需要心理健康教育，心理健康教育应该更深入地了解大学生当前所遇到的现实问题，理解他们的心理需求，并就这些问题为他们提供帮助，指导他们树立正确的世界观、人生观和价值观。

第二，学校应该鼓励学生培养高尚的思想信仰。大学可将思想政治教育和心理健康教育融合起来，帮助学生认识到作为接受高等教育的新一代，他们必须应对日益复杂多变的社会环境，同时坚定地保持自己的崇高理念和信念。教师的使命在于帮助大学生塑造正确的价值观念，摆脱个人主义、求财主义等负面想法的深刻影响。

第三，为了能够有效融合二者，必须使学生具备清晰的自我认知和自我意识。

自我意识是指一个人认识到自己的存在，了解自己的特征和行为，以及识别自己与外部世界的关系。这种认知不仅限于了解自身的身体和心理状况，还应包含对个人与他人关系的认知。高等教育的首要任务是帮助学生全面了解自身的优缺点，提高学生的自我认知水平和对世界的认识水平，以应对未来的挑战并抓住机遇。

第四，大学教育应该同时培养学生的意志品质。意志品质是指人们在实现目标的过程中表现出来的特殊能力，是人们综合素养中重要的一部分。作为即将步入社会的年轻人，大学生面对着各种各样的难题和挑战，如学业压力、生活困难以及人际关系和情感方面的冲突。种种困难和矛盾交织在一起，不少大学生因此感到困扰，时间长了，就会出现各种心理问题。大学生若想在学习和生活中避免压力的不良影响，需要接受思想政治教育和心理健康教育，在此基础上培养良好的意志和心态，才能更好地应对各种挑战。

第五，大学应该致力于提高大学生应对挫折的能力。大学生正处于个人成长的关键阶段，在大学阶段经历挫折是很常见的，面对挫折，恰当的处理方式极为关键。对大学生而言，挫折可能对其身心健康以及世界观、人生观、价值观的塑造带来重要影响，如何妥善化解挫折成为当务之急。因此，将大学生应对挫折的技能作为思想政治教育和心理健康教育的重要内容加以整合变得至关重要。如果我们想帮助大学生适应挫折，首先需要帮助他们正确、清晰地理解和看待挫折。教师需要教育学生不能过分夸大挫折对人生的影响，也不能无视它的存在，应该理性客观地认识和评估挫折的作用。这样做可以有效地帮助大学生在面对挫折时保持清晰的头脑，采取恰当的应对措施。然而，仅仅向大学生传授应对挫折的方法并不能达成思想政治教育的全部目标，需要进一步提升大学生应对挫折的韧性和心理适应能力。衡量一个人心理健康状况的重要指标就是他应对挫折的能力。

大学生拓宽阅历、积累经验并接受教师的支持和指导，对于应对挫折能力的提升至关重要。除了承受挫折带来的压力，大学生还需采取其他对策来应对挫折。除了应对挫折本身，大学生还需要应对由挫折带来的压力。只有成功地减轻大学生因为遭遇挫折而承受的压力，或者有效地将这种压力转化为积极的能量，才能从根本上防止挫折对大学生身心健康造成不良影响。只有这样，才能确保更深入地开展思想政治教育工作。

三、在教育策略和方法手段上实现二者的结合

为了提升大学生思想政治教育的效果，可以适当借鉴并运用心理健康教育的方法。这种方法能够促进教育工作的互相配合，发挥更大的协作效果，更有效地推进思想政治和心理健康教育工作。虽然大学在思想政治教育和心理健康教育方面都使用了一些类似的方法和手段，但它们之间也存在一些不同之处。在教学实践中应充分发挥双方的优势，取长补短，充分结合不同的方法和手段，以达到更好的教育效果。

（一）营造一个二者融合的教育环境

大学承担着关键的教育责任，即培养学生的心理健康和思想政治素养，为实现这一目标必须应对挑战，仅仅依赖老师的指导是不足够的，需要将学校、家庭和社区等资源有机结合，形成一个综合所有资源的教育生态系统。只有这样，才能更高效地向大学生提供思想政治教育和心理健康教育。

第一，学校需要创造积极向上、健康进取的校园文化氛围，以支持学校的思想政治和心理健康教育工作，塑造良好的校风和学风，促进心理健康教育落地并培养具有群体心理健康意识的教育环境。

第二，应该将国际先进的科学教育理念运用到大学生思想政治教育和心理健康教育中，同时积极探索适合中国大学生的思想政治和心理健康教育模式。必须让所有群体，包括家长，认识到大学生心理健康问题的重要性。因此，学校和家长都应该把学生心理健康作为最终目的。

第三，建议在大学生群体内强化心理健康教育，以使更多学生受益并提高他们的心理健康水平。全面的心理健康教育受到学校教育、管理和教学活动的综合影响，在开放的教育环境中引入家庭教育，同时充分利用社会资源，积极地促进大学生心理健康。学校和家庭合作推行心理健康教育，可以更加有效地达成教育目标。下面是实现上述目标的具体行动方案。

①为全体学生提供心理健康辅导服务，设置心理咨询课程。

②为少数学生提供定制化的心理咨询和支持服务。

③积极了解学生的心理状况，建立学生心理档案。

④为了加强学生的行为和心理训练，需要设计一些活动场景，尊重学生的主体性。

⑤协助学生培养良好的人际关系，为心理健康教育营造良好的情感氛围。

⑥提高教师的心理素养和能力。

⑦开展全面的心理健康教育，最大化利用可用网络资源。

这里探讨利用网络资源促进两者融合。通过发挥网络资源的最大潜力，创建一种在线教育系统，使融合思想政治教育和心理健康教育成为可能。通过利用网络的视觉效果和相互交流的属性，教师可以以全面、多角度的方式实施思想政治和心理健康教育。网络作为一种虚拟的环境，为大学生提供了自由且隐蔽的渠道，让他们可以自由地表达他们内心的抑郁和痛苦，从而得到心理上的宣泄。这种方法可以帮助教师更迅速、更准确地了解学生的心理状况和思维情况，深入研究，从而更好地开展引导工作，并及时解决问题。网络教育的互动性与灵活性使得思想政治教育和心理健康教育得以相互融合，使得这两种教育更加容易被大学生接纳和理解。这种教育形式的出现不仅提高了大学生思想政治教育工作的针对性和实效性，还消除了传统教育方式中单调枯燥和说教式的缺点。

在设定教育目标时，学校领导应充分认识到心理健康教育在教育过程中扮演的重要角色。领导应该加强对学生的了解和关注，尊重和促进他们的个性发展，帮助他们培养健康的心理素质，从而更好地发掘他们内在的潜能。

（二）在实施过程中注重教育策略的整体性要求

大学生通常会面临一些常见的问题，如在学习过程中遇到的困难、人际交往和沟通方面存在的问题，以及恋爱方面的疑虑等。为了更好地解决大学生当前所面临的现实问题，教师需要在公共课和理论课的教学中将理论知识与实践相结合，以便更好地应用理论知识来解决实际问题。作为教育工作者，教师还要确保每个学生都能认识到自我保护的重要性，并且给予正确的指引和帮助。一些学生在未入大学之前或许存在一些心理问题，尽管这些问题可能不太明显，在日常生活中不易察觉。因此，对于刚刚进入大学的学生来说，检查和评估自己的心理状态是至关重要的。教师可以采用具体的测量方式，例如，使用心理测量仪器对学生的心理状态进行测量和记录，建立学生的心理档案。针对检测到的存在心理问题的学生可以进行备案，并定期关注他们的心理健康状况，为他们提供相应的心理指导。

另外，随着信息技术的高速发展，越来越多的人会频繁上网，尤其是大学生，网络已经成为大学生生活和学习必不可少的一部分，他们利用网络进行资料查询、娱乐消遣、交友等活动，成为网络使用的重要人群。因此，教师应当充分利用网络资源，以确保心理健康教育工作的贯彻和实施。网络是一种有效的媒介，可以广泛普及心理健康教育，提供许多帮助。大学生可以通过网络快速、便捷地获取心理健康知识，而且不必受到时间和空间的限制。大学生可以通过访问专门的心理健康教育网站轻松地获取丰富的心理健康知识，从而更加迅速地掌握相关观念。网络中提供的信息比纸质书籍更丰富，包含的知识领域也更加广泛。这个优势可以有效地满足不同背景的大学生的心理成长需求。因为网络符合大学生的心理发展特点，使得他们在使用网络时更容易接触有益的知识，并且更加愿意接受这些知识，从而实现了更自由的学习体验。网络平台的心理健康教育可以帮助大学生消除困惑，从一种更全面、客观的角度去了解和分析问题，帮助大学生理性地认知自我，进而准确地发现和解决心理问题。因此，运用网络资源进行大学生心理健康教育有助于提高教育的针对性和有效性。

（三）注重教育和引导方法的相互补充

要在工作中取得良好的效果，必须有一个清晰的目标，并采取有针对性的行动。换言之，教师在进行思想政治教育和心理健康教育时，需要考虑到每个学生的独特性，并且采用切合其个性特点的教育方法，这样他们才会更加容易接受而不会产生抵触情绪。为了提升思想政治教育的效果，教师可以采取小组讨论和课堂教育相结合的方法，这一措施可以帮助学生认识到心理健康的重要性，更加关注和重视自身的心理健康，从而增强自身的适应能力和自我调节能力。

要想让学生成为具备各方面能力的全能型人才，就必须对其进行思想政治和心理健康方面的教育。高校教育中，这两个领域都非常重要，缺一不可。它们对于培养全面、有建设性的人才起着至关重要的作用，越来越受到重视。因此，在教育实践中需要将这两个领域结合起来并使它们相互交融。加强心理健康教育与相关学科的发展对思想政治教育至关重要。教育从业者除了持续提高创新思维和政治素养，还必须定期更新心理健康教育相关的知识。学校除了聘请专业思想政治教育人员，还应该实施思想政治教育人才培养计划，除了促进高校特色心理学研究，还需要加强专业人员培训，并加强规范化管理，逐步设立专门的机构审核并认定从事大学生心理健康教育的人员的资格。创建三级心理健康教育团队，由学校心理学家担任领导，专职心理健康者作为成为核心团队成员，邀请负责德育的教师及学生干部参与。

四、在队伍建设上实现二者的结合

尽管大学开展心理健康教育已有一定程度的进展，但相对来说还存在不足之处，尤其是在将心理健康教育与思想政治教育有机结合的方面，缺乏相关的实践经验。思想政治教育和心理健康教育的结合需要注重师资队伍的建设。思想政治教育和心理健康教育两个方面的工作都需要实施者，也就是思想政治教育队伍和心理健康教育队伍，因此，学校必须重视师资队伍建设，将其放在突出位置，以满足素质教育的基本要求。

（一）大学生思想政治教育和心理健康教育的队伍建设存在的问题

尽管教育系统不断改进，经验丰富的思想政治教育工作者在队伍建设方面仍然面临许多挑战。必须提高从业人员的专业能力和综合素质。作为教育从业人员，为了不断提升自己的素养研究人员，需要持续学习、积极实践和深入思考各种问题。由于没有建立稳定的合作模式，专业思想研究人员和思想政治理论教师之间无法实现资源共享和相互促进。从事大学心理健康教育工作的人员比起其他工作人员，面临的问题更加棘手。例如，大学里没有足够数量的专家和从事心理健康教育的工作人员。在大学里负责政治工作的人员主要包括辅导员、班级管理者和专业领域中负责政治工作的干部。然而，许多大学的辅导员刚刚毕业就开始执教，他们往往缺乏社会经验，并且教学经验不足。因此，在面对各种社会问题和学生生活实际问题时，学校不得不依靠学校制度来规范学生行为，而对于学生心理问题，校方可能存在关注和认识不足的情况。通常情况下，在大学里，班主任主要负责处理规模较小的问题，或者向学生传递上级领导的指示。但是由于大学没有对班主任的工作进行明确定位，这样一来，班主任无法在大学生的心理健康教育方面发挥应有的作用。学校面临着实现理想教育效果的艰巨任务。为了迎接这个挑战，学校需要建立一个高质量的心理教育团队，由专业的心理健康教师和医疗人员组成。只有思想政治教育团队与专业心理健康教育团队相互合作、相互补充，才能真正解决大学生在心理和思想政治方面的问题，进一步促进他们的全面发展。

（二）两支队伍结合的思路

大学生心理健康教育受到限制的主要原因是缺乏经验丰富的专业教师。为了充分提高学生的综合素养，思想政治教师和心理健康教师需要将教师的两个不同角色融合在一起。首先，为了推进思想政治教育，可以借鉴新的心理健康教育理念，根据大学生的特点，广泛宣传心理健康知识，以消除思想政治教育中的限制性条件。此外，心理健康教师需要进行持久的思想政治教育实践，积极为学生提供指导，帮助他们树立正确的思想观念，建立健全的心理健康支援体系。

要实现这两支队伍的结合，相关教育工作者需要持续提升自己的专业素养，学校应成立心理教育机构，如心理咨询服务中心，为学生提供有针对性的个性化的心理健康服务，通过专业但易于理解的方式为学生提供心理指导。另外，学校必须为教育工作者提供专业培训。辅导员和班主任与学生的交流是最紧密的，有利于更准确地察觉学生潜在的心理问题。他们在大学生心理健康教育活动中扮演独特而至关重要的角色。因此，他们需要接受有关心理学知识和技巧的培训，专业培训能够拓宽他们的知识面、提升他们的能力，有助于思想政治教育和心理健康教育师资队伍的建设。大学政治工作人员需要提升个人素质和修养水平，以应对大学生心理问题带来的挑战。政治工作人员应该拥有高尚的政治情操、扎实的工作能力和专业的知识水平，同时要不断学习，不断提高自己的素质，要深入学习与政治工作相关的学科，如心理学、行为学等。他们需要仔细研究大学生身心的发展程度和变化情况，并采用定向的思想政治和心理教育辅导手段，培养学生健全的人格和健康的心理状态，提高学生的道德和心理水平。

思想政治教育和心理健康教育工作者的素质水平是直接影响大学生教育成效的重要因素。可是，除了那些专门从事心理咨询的教师，大多数实施心理健康教育的教师并没有接受过统一规范的心理学教育和培训。因此，他们对现代心理咨询技术的掌握不够充分，在现实操作中很难具有显著效果。为了加强教育工作，学校需要重视教师队伍的培养与建设，特别要认真组织针对专职、兼职和聘请教师的技能培训，以提升他们的责任心和服务意识。另外，要提高心理教育工作的效能，需要提高教师的专业素养、技能水平和学术研究能力，鼓励教师之间相互学习和交流，一同解决大学生在成长和成才过程中遇到的心理难题。

第四章 大学生思想政治教育与心理环境

本章主要围绕着四个方面对大学生思想政治教育与心理环境进行了详细的介绍，分别为思想政治教育心理环境概述，思想政治教育心理环境现状，思想政治教育中心理环境的作用以及营造健康心理环境、增强思想政治教育实效。

第一节 思想政治教育心理环境概述

一、大学生思想政治教育心理环境的概念

美国心理学家勒温是格式塔心理学派的代表人物，最早提出了心理环境这个概念。勒温认为，"部分相加不等于全部"[①]，因此人和环境不应该被视为简单的组合，而应该被看作一个整体。在整体的制约下，心理和行为事件才能够顺利发展。利用现代物理学中有关"场"的多种理论，勒温探讨了"场"与心理环境的基本观念。

勒温研究人类行为的方法是从人与环境的相互影响出发的。在理解或预测人类的心理行为时必须综合考虑整个场景中发生的各种心理现象，如动作、情感和表现等，也要考虑人类当前的状态和心理环境状态，因为所有这些要素共同组成了情境的完整结构。这说明人的行为是在个人内在状态和周围环境这两个力量相互作用的心理力场的影响下产生的。除了个人内在情绪的推动，外部环境因素也会对心理产生影响。这里所指的环境并非客观环境，而是指存在于个体心理中，对其心理活动起作用的环境，即心理环境。

---

① 袁耿清编. 医用心理学 [M]. 南京：东南大学出版社，1991.

勒温在《拓扑心理学原理》一书中形象地描述了心理环境："比如一个孩子知道他的母亲在家或不知道他的母亲在家，他在花园中游戏的行为可随之改变，我们可不能假定这个（母亲在家与否）事实常存于儿童的意识之内。"[①]

勒温认为，孩子在花园里玩耍的行为变化并不完全是由于花园内部的自然环境所引起的，而更多的是受到孩子心理环境的影响，也就是孩子对于母亲是否在家这一认知的影响。

因此，我们可以推断出心理环境的定义。心理环境是指存在于人的思维中的对人的行为产生影响的所有观念环境。将客观环境转化为观念环境是一个过程，需要主体和客体、生理和心理相互交互和转化。当客观现实与大脑相互作用时，大脑会进行综合分析和加工，创造出各种主体心理活动。

主体的心理环境是由内在思想、情感和感觉的反射、延伸、积累和反馈所形成的观念。为了将心理环境与客观环境区分开来，勒温使用了"准"这个字来形容心理环境，他称之为准环境。这个环境包含了准物理、准概念和准社会三种类型的准事实。所有事件一旦成为心理现象，无论该事件有没有被人意识到，它都会对人的行为产生一定影响。

在勒温观点的基础上，后来的研究者提出了民族、社会、校园等不同层面的心理环境概念，以此扩宽和深化了对心理环境的研究。大学生思想政治教育是在一定的环境和背景下进行的，这些环境和背景会对接受教育的学生产生某种程度的影响。随着学生将这些条件内化并加以消化吸收，就形成了心理环境，它会对学生的心理和行为产生影响。因此，在大学生思想政治教育过程中，影响学生教育接受程度的各种因素都构成了大学生思想政治教育的心理环境。学生的心理环境涵盖意识到的和未意识到的环境，只要它们在学生心理中有着真实的存在感。

二、大学生思想政治教育心理环境的构成要素

家庭、学校和课堂都是对个人心理环境有影响的重要方面。还有的学者认为，心理环境包括以下几个方面。

第一，社会群体的行为倾向和社会风气，即整个社会或某一社会群体中，

---

① 彭锡钊，王振江，于颖 . 我国传统文化与学校思想政治教育 [M]. 北京：九州出版社，2017.

大多数人实际履行的行为以及在此基础上所形成和表现出来的社会风气和精神面貌。

第二，以道德榜样为典范的情况。一般而言，道德榜样是指那些备受大众关注的人物，他们享有社会权威，通过自身崇高的品德和行为成为典范人物，对周围的人们起到积极的道德引领作用。其中包括典型人物和各级领导干部，以及社会上具有权威地位的人士。由于亲友、长者、导师对人们有着独特的影响，因此人们常会在毫无察觉的情况下模仿他们。道德模范的典型表现具有极强的引导力和影响力，可以促进人们产生关于道德意识和道德情感的自我认知和反思，从而达到"见贤思齐"的效果。

第三，文化和舆论氛围。社会心理环境的形成基于文化环境。要建立良好的心理氛围，就必须建立优秀的文化舆论环境。文化舆论环境指的是影响社会文化氛围和舆论的诸多因素，其中包括大众传媒的报道、社会舆论的引导以及国家政策宣传等。一些学者认为，在心理环境中除了个人内在的经验和情感，还包括民族文化传统精神等因素。各个民族经历了漫长的历史发展过程，不断整合和积淀本民族的文化和精神，这些文化和精神影响广泛，具有巨大感染力，对个人行为有着深远的影响。

相对于另外两种观点，第三种观点获得了广泛支持，人们在此基础上做了进一步的扩展。基于此，对心理环境在不同心理层面上的构成要素进行了总结整理。大学生思想政治教育心理环境的构成要素主要包括以下几种。

（一）国家的政治、经济体制

大学生的思想政治教育不可避免地受到社会现实的限制和影响，这是因为教育环境总是处于特定的社会背景下。社会生产方式对德育目标和教学计划的制定有重要影响，在不同社会制度下的思想政治教育呈现出不同的特点。国家方针和经济政策对学校的发展方向、活动方式、组织形式和教学计划等均有直接影响。同时，国家政治和经济体制影响学校的思想政治教育内容，从而进一步影响学生的世界观、人生观和价值观。

（二）民族文化传统、地域性的风俗习惯

人们的行为习惯和思维模式总是受到民族文化传统的影响，这种影响可以说

是无处不在、潜移默化的。人们的生活方式、习惯行为和思维方式因各个民族文化传统的不同而呈现出明显的差异。研究表明，人类生活的地理环境会对其性格形成产生影响。同一地区、同一民族的人通常表现出类似的性格特征。因此，地理和心理环境因素会对不同民族、不同区域的学生产生影响，这可能会导致他们表现出不同的思维模式和行为习惯。这些因素是学校必须考虑的，在此基础上可以更好地进行有效的思想政治教育。

（三）文化舆论环境

在人们社会心理形成的过程中，文化舆论环境是重要的影响要素。在塑造健康的心理环境时，正确的文化舆论引导发挥着至关重要的作用。大学生思想政治教育的心理环境是与校内外文化舆论环境紧密相连的。媒体渠道包括大众传媒、报刊、电视以及互联网等，它们是构成校外文化舆论环境的主要组成部分。学校的宣传栏、广播站和文化活动等则是校内文化舆论环境的主要组成部分。大学生思想政治教育心理环境的营造不可忽视文化舆论环境的影响，必须在创造健康的教育环境时充分考虑文化舆论环境因素。

（四）校风

校风是学校成员在各种行为表现中持续体现出来的共同倾向，包括工作、学习和生活等多个方面。校风对学生的心理建设起到了潜移默化的引导、凝聚和激励作用，还有助于保护和促进学生的心理健康。因此，校风是影响大学生思想政治教育心理环境的重要因素，在治校育人中具有不可替代的作用。

（五）人际关系

一个人的心理状态在很大程度上取决于他所处的人际交往环境。最近的心理研究指出，大学生的心理健康问题与其不良人际关系有关。如果师生之间缺乏良好关系，学生有可能出现"逆反心理"，对其学业造成不良影响。在学生的学习生活中，同学间的紧张关系可能导致学生感到沮丧和不愉快，从而影响他们的学习状态。

（六）生活方式

大学期间，学生可以积极参与各类课外活动，如文艺表演、体育比赛等，这不仅可以增加学生生活的多样性，而且可以陶冶学生的情操，增强他们的意志力，使他们的人格得到锻炼。同时，参与各种活动还有助于改善学生的人际关系，创造更加良好的心理环境，对于丰富和提升大学生的心理结构也大有裨益。相反，如果生活方式不健康，会导致学生个人意志力下降。

三、大学生思想政治教育心理环境的分类

学者将心理环境分为不同的类型，其中一些学者将其分为能够促进健康的心理环境以及对心理健康产生负面影响的心理环境。健康的心理环境可以培养优秀的道德品质。相反，负面的心理环境会妨碍和破坏良好道德品质的发展。一些学者从层面和载体的角度出发，将心理环境划分为社会心理环境、社区心理环境、校园心理环境和家庭心理环境。大学生思想政治教育的心理环境可以按照学生接触的不同环境进行划分，分为社会心理环境、学校心理环境、课堂心理环境、宿舍心理环境、家庭心理环境等，这些心理环境都会对大学生思想政治教育产生影响。

（一）社会心理环境

社会心理环境是一种由社会生活相互作用而形成的特定心理氛围，它对人的心理活动产生实际影响。社会心理环境包括外在和内在两个方面，是主观与客观的统一体。外在的社会心理环境指的是社会制度、政治经济模式、社会文化氛围、公共观念、传统习俗等。虽然大学生生活在校园内，但因为教学制度的开放性和信息渠道的广泛性，他们往往与社会融为一体。这也导致了外界的社交环境、言论可能会对大学生思想政治教育产生促进或阻碍作用。内在的社会心理环境指的是一个团体中的社会环境，其中包括团体共同的目标、规范，以及成员之间的人际关系等，这些因素在集体生活中起着重要的作用。

（二）学校心理环境

学校心理环境是指影响学校师生心理的所有内部环境因素，包括许多方面，如学校的历史文化、道德标准、学术环境、管理模式、人际交往以及校园文化等重要内容。学校心理环境对大学生的学习和工作具有重要的推动作用，它也是大

学生个性和品德塑造的重要基础之一，它能够通过熏陶、感染和引导的方式对大学生产生重要影响。

（三）课堂心理环境

教学过程中，学生所体验到的课堂气氛和环境会对他们的认知、情感和学习行为产生影响，这种环境或气氛就是课堂心理环境。课堂心理环境可以分为两类，一种是由教师在教学过程中创造的心理环境，另一种则是学生在学习时的心理环境。教师在创造良好的教学氛围方面具有至关重要的作用，包括教师的教学技能、心态、意志以及个人魅力等多个方面。大学教师在课堂上承担了主要的思想政治教育任务。学生的学习心理环境包括学习态度、道德行为和在课堂中表现的行为等多方面因素。在整个大学生思想政治教育过程中课堂心理环境也是重要的组成部分。

（四）宿舍心理环境

宿舍心理环境指在宿舍中对学生的心理行为产生影响的许多方面，其中包括宿舍文化、宿舍内人际关系等因素。除了作为学生休息的地方，大学宿舍也承担着学生学习、娱乐和参与文化活动的重要职责。由于学生长期在宿舍内聚集生活，因此彼此之间的行为和道德品质会更加显著地相互影响。因此，大学生思想政治教育心理环境的重要组成部分就是宿舍心理环境。

（五）家庭心理环境

家庭心理环境包括家庭成员之间相互交往的各种情况、家庭成员的情绪、家庭气氛、家庭成员之间的沟通方式和家庭中的各种规矩和行为准则等，这些因素会对家庭成员的心理和行为产生深刻的影响。家庭心理环境中，物质基础是家庭的物质文化，主导因素是家庭的意识文化，直接因素则是家庭的行为文化。在社会中，家庭是最重要的集体，父母则是孩子人生的最初导师。大学生的教育和发展除了受到学校教育的影响，家庭环境也是一个至关重要的因素。根据罗森塔尔期望效应，只有在家庭氛围融洽、积极、开放的情况下，孩子们才能感受到幸福和满足，他们才能将父母的关爱和支持转化为学习的动力。另外，在这种环境下孩子能够养成良好的道德素养和行为习惯。

大学生思想政治教育心理环境可以理解为学生内心的一系列情感、态度、信仰、观念等，这些因素会对学生的教育产生重要影响。大学生思想政治教育的心理环境是由众多不同因素相互交织产生的极其复杂的心理实体。不同的心理层次与心理载体在大学生思想政治教育中所发挥的作用也呈现出明显的差异。

第二节　思想政治教育心理环境现状

一、大学生思想政治教育注重心理环境作用所取得的成绩

大学生思想政治教育的成效与心理环境息息相关，因为心理环境能够对大学生思想政治教育的渗透、感化和引导产生至关重要的影响。近年来，越来越多的高校开始关注心理环境对学生成长的重要影响，各大高校努力营造健康、积极的心理氛围，给学生创造更加舒适的心理环境。与此同时，我国大学生思想政治教育也取得了一些令人振奋的成绩。

（一）认识心理学的重要性，将心理学知识引入课堂

心理学是一门研究人类心理活动和心理行为的科学。大学生思想政治教育是培养人的灵魂，推进个体品德和心理健康发展的重要课程。在内容和方法上，心理学与大学生思想政治教育有相似之处与互补之处。大学生思想政治教育可以借助心理学理论研究人类的心理特点、个性特征等，从而为教育工作提供理论指导。此外，心理学方法还能为大学生思想政治教育实践活动提供启示和帮助。

近年来，大学生的心理健康问题日益凸显，因此学校更加关注学生心理健康，逐步将心理学相关课程融入教学中。对于大学生思想政治教育所要达到的目标，教育部强调了培养学生心理素质的重要性。如今，大学生思想政治课教师更加注重了解心理学知识，并将其融入授课中，这样可以提升高等教育中思想政治教育的实效性。例如，在大学生思想政治教育领域，可以运用激励法和共情手法。根据心理学研究，激励和惩罚对人的影响不同，通过激励可以更有效地提升学生的积极情绪。共情或者说同理心则建立在同情和理解学生的基础之上，教师通过与学生形成情感共鸣来赢得他们的信任和支持。

（二）引入心理咨询模式，创建健康心理环境

心理咨询是一门综合性的学科，融合了医学、心理学、社会学、哲学、美学等多个领域的知识，以科学方法为基础对人们的情感、思维和行为方面的问题进行分析和解决。心理咨询不仅在学生的学习生活、成长发展、人际交往、职业规划等方面为学生提供直接或者间接的支持和指导，同时还为处理那些与心理障碍或轻度精神问题有关的诊断和矫正提供了帮助。

在大学里，心理咨询可以向学生提供心理学方面的知识和指导，让他们认识到各个发展阶段所带来的心理特点、任务以及相应的应对方法，以此促进他们的个人成长和发展。在心理咨询模式下，学生将接受一些学习和行为方面的引导，同时还可以在相对专业的工具度量下了解个人特点。教师可通过心理咨询协助学生应对校园生活中的困难和挫折，帮助他们培养积极的自我认知，建立良好的人际关系，提高调节自我情绪的能力，增强应对挑战和解决困难的能力，从而促进学生个性成长和人格健全。

正处于青春期的大学生虽然生理已基本成熟，但心理发展还略显幼稚，表现出以下特点。

①认知水平已经达到成熟阶段，更注重理论和抽象思维，具有较高的自主意识。因为独自思考，所以具备了批判性思维，但是缺乏系统性的辩证思考和科学方法论，所以往往会固守片面的观点。在面对复杂的社会问题时，个人往往具有强烈的思想意识，常常持有偏激或过于理想化的看法。

②在情感和意志方面已经进入较为成熟的阶段，对道德观念和理智态度也逐渐形成了稳定的认识。尽管他们非常珍视友情，渴望享受美好生活，却没有实际可行的计划。他们情绪容易波动，一些行为通常由情绪主导，表现出情绪变化的不稳定性。

③在个性发展方面，大学生正处于关键的塑造阶段。在自我意识的成长与发展过程中，常常会遇到各种情况。不同的大学生进行自我评估和自我教育的方式存在巨大的个体差异，通常很难准确地了解自己的人生发展目标。因为缺乏成熟的心态，有的大学生表现出不成熟或者缺乏道德素养的行为。

近年来，越来越多的大学生感到自卑、焦虑、抑郁和神经衰弱，这一现象备受社会关注，各个大学也在积极探究造成这种问题的根源，努力寻找缓解、消除

这种现象的可行措施。在这种背景下，各大高校开始在校内引入心理咨询。随着时间的推移，心理咨询在大学生思想政治教育中逐渐成熟起来，成为一种必不可少的工具。在思想政治理论课上，教师可以利用电子邮件向学生提供心理辅导服务，通过心理咨询，教师可以更深入地了解了学生的思想，增进与他们的情感交流。通过建立积极情感联系激发学生对思想政治理论课的兴趣，最终实现课堂效果与课堂效率的提升。

现在，许多大学已经建立了心理咨询系统，这些系统通常由经验丰富且懂心理学知识的教师提供咨询服务，许多大学专门设立了心理咨询室和心理咨询热线。一些学校还设立了朋辈心理咨询团队，该团队主要是由那些心理学基础扎实、善于沟通的学生来协助那些有心理问题的同学缓解自身问题，为他们创建一个健康的心理环境。

二、大学生思想政治教育在利用心理环境方面存在的不足

虽然心理咨询模式的使用有助于减轻学生压力，帮助学生解决心理问题，减少大学生思想政治教育心理环境中的负面因素，但仍需进一步完善以确保为学生创造一个良好的心理环境。

（一）重视硬环境的建设，忽视软环境的建设

学校环境主要由物质环境和精神环境两个方面组成。大学生能够直接感知到的是物质环境，具体表现为学校的自然环境、教学设施、教学条件、宿舍条件、食堂状况等客观条件。舒适、雅致的物质环境有助于增强学生的愉悦感受，并对学生的日常生活和学习起到正面的促进作用。虽然精神环境无形无质，但它却是客观存在的，也可以被大学生感受到。师生互动关系、同学之间的交际关系和学校氛围都是构成精神环境的重要因素。在积极愉悦、轻松自在的氛围中，人们往往会产生积极向上的情绪。大学生的心理总是受到物质环境和精神环境的共同影响，两种环境与大学生的心理状态相互作用，大学生的心理环境便是在此基础上形成的。无论是物质环境这种"硬环境"还是精神环境这种"软环境"，都要在大学生思想政治教育中给予充分的重视。

近年来，大学越来越重视校园环境，并且积极采取措施来改善环境，如增加

绿化、建设现代化的教学宿舍楼、提供更好的教学设备，希望为学生创造一个舒适、宜居的校园环境。然而，对于精神环境的培养和建设，学校缺乏足够的投入和关注。在大学的心理环境中，人际关系是一项至关重要的因素，其中学生与教师的关系是大学中人际关系的重要内容。学生与教师的关系是影响思想政治教育的最重要因素，当教师与学生之间的关系不和谐时，学生可能会将对教师的不满和负面情绪转化为对学习的消极态度，从而出现"逆反心理"，进一步影响学习效果。目前，许多大学在德育方面普遍采用授课的方式，导致课堂互动较少。此外，师生间缺乏足够的交流机会，很难建立良好的情感纽带，这对大学生思想政治教育是十分不利的。心理学研究表明，在建立信任关系的过程中，通常会出现"移情"的情况。如果教师能够以这一原则为指导，在进行思想政治教育时积极与学生互动，建立良好的师生关系，让学生对教师产生情感认同，就能充分利用学生的积极情绪，从而有效提升课堂教学效果。学生之间的互动关系对于提高学生的学习能力也有着重要的影响。在大学中，同学与同学之间的关系是学生主要的社交关系之一。大学生倾向于与少数几位固定的同学建立亲密的关系，并与他们形成群体，通常建立的这些关系会持续很长时间，陪伴他们度过整个大学生涯。心理学相关研究显示，人与人之间存在"感染"现象，即某个人的情绪和行为会影响到其他人，并通过相互作用，促使其他人产生类似的情绪和行为。目前大学在进行德育时往往未能充分意识到学生的人际关系环境对思想政治教育的影响。有的学生常常处于一种人际关系冷漠的氛围中，导致学生很难全神贯注地进行学习，这种现象的存在往往会削弱大学生思想政治教育的效果。

（二）德育目标的定位过高，脱离了大学生的思想实际

许多大学在制定德育目标时过分重视高层次的目标，却忽视了低级别的目标，缺乏对学生内在需求与内在心理的充分重视，更多地关注道德教育的政治社会化功能，忽略了它对于个体发展的作用。过分推崇集体意识，却未充分认识到个体意识的价值。德育的核心目标在于培养学生优良的思想品德，帮助他们形成高素质的道德品格、健全的心智素养，提高学生的个人素质。目前，许多大学仍然坚持使用传统的德育制度和内容，缺乏一定的创新，许多知识学生在中学阶段已经掌握，若教育无法与学生的日常生活和思维紧密联系，学生将难以领会对应的道

德感受。在此情形下，高等教育中的思想政治教育无法达成预期的目标。很多大学在进行德育时更加注重思想的方向性，而往往忽略了思想的时代性与层次性。一些教育目标太过理想化，缺乏全面性，与学生的知识水平、思维方式和意识形态不太契合。有时候，大学德育存在一些明显的缺点，很多大学在开展德育的过程中过于重视对先进分子的道德要求，并且往往将这个要求进行普及，在规范全部学生时未能充分考虑其各自的思想品德的差异。这些德育目标没有有效地激励和引导学生，仅仅停留在基本任务的水平。因此，一些学生对学校的德育工作表现出反感、怀疑和抵触的心理，导致大学德育的效果不尽如人意。

（三）德育方法单一，注重课堂灌输，忽视学生的内心需要

长期以来，大学一直使用传统的教学方式来进行思想品德教育，这种方式强调学生的记忆和应试能力，忽视了学生理解德育内容的重要性，导致学生缺乏对内容的深刻理解。德育工作需要更加注重培养学生的自我意识和独立思考能力，这样才能更好地激发他们的内在动力、积极性和创造力。为了增强思想政治教育的实效性，大学采取了一些教学创新手段。为了提高学生的参与度和创造力，学校鼓励教师使用多样化和富有创意的教学方式，如多媒体教学、社会实践和课堂讨论等形式。不过，这些努力总体上未能显著地提高思想政治教育的实效性。

考虑到大学生独特的个性和思考能力，思想政治教育应该采取启发式教育和个性化教育相结合的方式。目前，大学普遍采用"大课"的授课方式开展思想政治课程，而且往往以教师主讲为主要方式，这导致每个教师每学期需要教授上百名学生，难以有效地组织社会实践活动。可以说目前大学生思想政治教育仍在采用传统的集体灌输式的教学方式。学生思想品德的形成需要借助于各种经验及教训、反思和实践，从而逐渐建立自身的道德理解、道德情感和道德自我意识。只靠灌输抽象理论和规范，忽略学生内在需求、心理活动和生活方式，无法使学生将道德品质内化，也无法实现思想政治教育的预期效果。

（四）未确立思想政治教育的首要地位，评价体系分量不足

大学生思想政治教育的核心目标是加强学生爱国主义教育和强化学生理想信仰，培养"四有"新人，从而推动社会主义事业的发展。对于"四有"新人来说，道德素养是其中最为重要的一项。由此可以推断出道德教育的必要性与重要性。

目前，绝大多数大学已充分认识到德育在教育中的重要性，并将其视为一项至关重要的任务，在所有工作中都予以优先考虑。然而，在现实应用中，大学由于竞争激烈，大部分精力都在教学研究等与学校发展密切相关的日常事宜上，对德育的重视程度不够。由于缺乏适当的评估标准，大学德育工作的实施并没有得到足够的重视，这导致一些大学把学术科研等工作摆在了德育工作之前。

大学德育在大学的评估和学生的评价中都没有得到足够的重视，虽然德育在许多综合考评中占有一定的分值，但其影响力较小。很多大学生认为他们获得奖项、入党、成为杰出学生、找到理想工作主要取决于他们的考试成绩而非道德水平，这在一定程度上造成了学生不注重道德教育。在思想政治理论课上，尽管老师竭尽全力地激发学生的兴趣，但学生依然无法集中自己的注意力。

（五）心理健康教育力度不够，大学生心理健康状况不佳

随着社会的加速发展和竞争的加剧，大学生逐渐感受到来自多方面的压力，包括社会、学校和家长等。这些压力造成了一系列心理问题，如负面的自我评价、情感障碍或由人际关系问题所导致的情绪障碍等。学生的心理缺乏适宜的关照，这是由于大学在思想政治教育过程中心理健康教育力度不够。

第三节　思想政治教育中心理环境的作用

大学生思想政治教育的有效性在很大程度上受到心理环境的影响，心理环境对于大学生思想政治教育是至关重要的。思想政治教育有助于培养大学生的道德品质，使他们能够运用自己的知识体系、认知能力和思维方式与周遭的环境相互作用，从而实现道德素养的内化。

一、心理环境的影响内化为大学生道德品质的机制

在大学生思想政治教育中，不能忽视心理环境的影响。按照唯物辩证法的观点，外部环境对事物的影响属于外因的范畴，而事物的发展主要由内在因素决定，这些内在因素决定了事物的性质和发展方向。那么，心理环境这一外部因素是如何发挥作用，从而内化为大学生道德品质的呢？它的内化机制是什么呢？

（一）模仿心理

模仿是受到不可控的社会刺激的影响而发生的一种行为。这种行为的特点是模拟他人的行为，既有自觉也有非自觉的。通过模仿的方式，可以让一群人展现出相似的行为表现。根据心理学家的观点，模仿是人类与生俱来的本能行为。人类最早的学习方式是模仿。人们通过模仿来进行道德社会化，这是道德传播非常重要的一种途径。

心理学家班杜拉指出，人类的行为有两种形成方式：一种是在直接经验的条件下学习并反映的过程；另一种是通过观察其他人或事物的行为并且加以模仿，从而形成行为。第二种方式和第一种方式的区别在于，第二种方式往往是依靠间接经验进行的。由于人自身和外界条件的限制，人的大部分行为都靠模仿进行，通过自己的体验获得直接经验，并在行为上加以反映，有时也相对缓慢。根据班杜拉的理论，人的行为是基于对某种模式的观察，并通过模仿来逐步掌握的。对于那些道德经验较少的大学生而言，采用基于实践，观察并模仿的学习方式是至关重要的。许多大学生的行为受父母、教师和同龄人行为的影响，并且大学生会对他们的行为进行模仿，从而形成自己的行为。

（二）从众心理

在社会群体中，从众是指某个人在面对压力时改变原有的观点和态度，采取与大多数人一致的观点和态度。这在某种程度上意味着跟着别人走，没有自己的主见和独立思考能力。在日常生活中，人们经常出现接受群体观点和行为的心理，而这种行为在大学生中特别普遍。据社会心理学专家研究发现，人们被集体压力所驱使，更倾向于和众人保持一致，以此减少个人与集体之间的矛盾，加强个人的安全感。个体出于追求归属感和认同感的需要，常常放弃个体观点和主张，产生从众行为。

研究表明，个体的从众行为主要受到团体规范和信息的影响。每个人都属于某个团体，这意味着他们的行为不可避免地受到团体规范的影响和限制。团体规范是一种行为准则，成员必须照此行事。遵守这些规范的成员将受到团体的认可，成员不遵守团体规范会面临被团体排斥和拒绝的后果。当一个人的行为与群体规范不符时，会让他感到被排斥和孤立，因此他可能会选择与群体的行为保持一致，这就是从众心理的表现。当个人处于信息不足、情况模糊或难以判断的情况时，他们往往会将大多数人的意见作为正确的准则来指导自己的行动。社会心理学家谢里夫提出了"游动错觉"的现象。他设计了一个实验，要求测试者确定黑暗中光点的准确位置。测试者在个人自主判断时得出的结论各不相同，但是当这些测试者进行集体判断时则出现了从众现象，他们的结论几乎完全一致。

思想政治教育过程中的大学生由于受到以下几个因素的影响，也常常产生从众行为，形成与他人一致的道德行为和品质。

①为了建立并保持健康的人际互动关系。大学生渴望与他人建立亲密的关系，从而获得归属感，在得到他人的认可时实现良好的人际互动。因此，大学生在学习和日常生活中需要经常调整自己的态度和看法，以便与他人建立和谐的关系。

②为了赢得其他同学的喜爱。在大学中，由于性格和兴趣的差异，同学们通常会自发组成不同的社群，共同度过学习和生活的时光。团体中的成员在与其他同学产生分歧时，为了赢得同伴的好感会选择妥协，改变自己的想法。

③不希望承受与众不同的压力。美国社会心理学家马斯洛的需求层次理论表明，人类有一种内在渴望，渴望得到爱和归属的满足感。许多大学生为了满足内在需求，选择加入各种社团和团体。当个人持有的看法与团体的看法相左时，大学生常常会面临压力和被排斥的忧虑。在这种情况下，大学生往往会随着团队的意见变化而调整自己的态度，表现出从众的行为。

（三）暗示心理

暗示是一种利用间接手段，在没有对抗的情况下影响他人心理和行为的方式，这种方式的目的是推动人们按照一定方式行动或接受特定意见和思想。除了语言表达，还有其他方式可以传递暗示。举个例子，当教师表扬答题正确或进步的学生时，实际上采用了语言暗示的方式；当老师在课堂上惩罚那些注意力不集中的学生时，实际上是在用行为来传达暗示。通常来说，暗示会对个人的情感和行为产生重大影响。谢里夫进行过一项实验，旨在研究暗示的影响力。他让大学生评估两部作品，其中一部是由英国文学巨匠狄更斯所写，而另一部则是一位不太知名的作家所创作的。实际上，这两部作品都是狄更斯所写。大学生在这种暗示下对两部作品做出了截然不同的评价：第一部作品得到了非常多的赞美，而第二部作品得到的却是十分严厉的批评。同一作者创作的两个作品，在不同暗示的影响下，受到的评价呈现出了天差地别的结果。这说明，暗示能够对人们的心理和行为产生重要的影响。

暗示可以被分为两类，一种是他人暗示，另一种是自我暗示。对于他人暗示这种形式，又可以进一步细分为两种类型：直接暗示和间接暗示。大学生常常会在上课时受到教师暗示的影响，也会在日常生活中受到同龄人暗示的影响。这些暗示可能会使他们的心理和行为与这些暗示要求趋于一致。自我暗示是指个人从自身产生的信息或思想中得到某种影响。个体往往可以通过自我暗示对自身产生极大的影响，这种影响既可能具有积极意义，也可能具有消极意义。大学生的信心在许多情况下是通过自我暗示来获得的。面对新的环境和学习任务，大学生需要保持自信和勇气，不断给自己积极的心理暗示，相信自己有能力完成大学阶段的学业，并相信自己可以取得优异的成绩。

有的大学生性格不够坚定，缺乏独立思考能力，往往会随波逐流，容易受到暗示者的影响。有的大学生具有强烈的反抗心理和自主意识，不喜欢顺从他人的意志，更加强调独立思考和自我决策。当他们意识到有人在试图对他们进行暗示时，会更加强烈地抵制这种暗示，因此暗示者很难对他们产生实质性的影响。

二、心理环境对大学生道德品质的影响作用

心理环境一经形成，就会成为稳定的条件，对人的道德生活和道德品质的形成产生深刻的影响。它不仅影响大学生的心理行为、价值观，而且影响大学生的道德品质、道德情操和道德行为。心理环境在道德品质的形成过程中发挥着举足轻重的作用，健康的心理环境可以促进大学生道德品质的形成，主要表现在以下几个方面。

（一）熏陶感染作用

熏陶感染是指个人长期处于某种心理环境中，渐渐地形成了与环境相似的道德品质和情操。这种影响不知不觉地改变了一个人的思想准则和行为方向。古人曾经说过，"居楚而楚"，以及"近朱者赤，近墨者黑"，这也说明了我们应该根据身处的环境来调整自己的行为和思维模式。在大学生思想政治教育期间，教师

和其他同学的行为和举止会传达一种心理体验给大学生，形成一种心理环境，这种心理环境会对大学生的道德品质和道德感受产生影响。大学生在教师和同学所展现的人格魅力和道德品质的影响之下，往往会以这些优秀品质为目标，逐渐远离不符合社会要求的道德观念和品质。此外，通过熏陶感染，大学生可以克服接受思想政治教育过程中产生的负面想法所带来的消极影响。定势也被称为心向，描述的是在进行某项活动前内心所做的预备或倾向状态。消极的心理定势是指大学生在接受思想道德知识教育时，心理上出现的一种不愿意和不接受的心态。如果由一位品德不佳的老师进行思想道德教育，可能会使学生对课程的信任度和好感度受到影响，导致他们对大学的思想政治课程产生抵触和不信任的态度，进而使整个思想政治教育的效果大打折扣。这表明，心理环境具有感染力，会潜移默化地影响人，使人们逐渐接受和融入其中，这对正在成长并具有高度可塑性的大学生的作用更加显著。心理环境对大学生的道德经验的形成有着重要的影响，心理环境的积极影响可以促使大学生在愉悦的氛围中快速转变心态，抚平内心的不安，达到净化心灵的效果。

（二）导向作用

良好的心理环境能够为人们带来无形的积极影响，会塑造人们的行为准则并引导人们的行为方向。大学生会在潜移默化中受到这种心理环境的影响。

在大学进行思想政治教育时，良好的心理环境对大学生培养良好的道德行为起到了积极的促进作用，可以帮助大学生树立积极的自我规范意识。这些来自良好的人际互动、积极向上的校园文化和团体规章制度等方面的心理环境，会改变大学生的行为习惯，使他们形成完善的道德思想。此外，社会群体的行为倾向是组成心理环境的重要因素之一，这类行为具有特征明显、易于观察和了解的特点，所以大学生更容易对其进行理解和接受。

（三）无形强制作用

如果在思想政治教育过程中形成了特定的心理环境，那么这种环境可能会在无形中给大学生带来一些心理压力，让他们改变自己的言行，以解决因自身与环境不适应而产生的问题。为了与身边人保持良好的人际关系，赢得同学的认可以及获得团体接纳，许多大学生倾向于改变自己的行为方式。当一个道德品质不够好的大学生加入一个道德风尚良好的集体中时，由于自身与群体之间的道德观念存在差异，他会不由自主地感到孤独和担忧，因此会积极努力提升自身的道德水平，弥补与群体之间的道德差距，也会逐渐接受集体的道德理念和行为规范，形成优良的道德观念和行为方式。当一个具备良好道德修养的人置身于道德水平低下的社群中时，他可能会因为外界环境所产生的心理压力而放弃自身的原则和标准，导致道德水平下滑的现象，这便是所谓的心理环境的无形强制作用。

（四）促进作用

大学创造良好的思想政治教育的心理环境，可以唤起学生内在的道德潜能，推动学生高尚道德品格的形成。这种心理环境可以激发学生的浓厚学习兴趣，并让他们彼此更加团结，形成一股巨大的凝聚力。此外，这种心理环境还能够塑造大学生的价值观。

在大学生思想政治教育的过程中，心理环境扮演着关键角色。它可以通过熏陶和引导的方式来促进大学生道德品质的形成。为了确保大学生思想政治教育的实际效果，需要处理和解决影响学生心理环境的不利因素，采取全方位的措施，创造有益于大学生思想政治教育的良好心理环境。

第四节　营造健康心理环境、增强思想政治教育实效

大学生思想政治教育的心理环境是由多个因素构成的，包括社会心理环境、校园心理环境、课堂心理环境以及家庭心理环境等。大学生思想政治教育心理环境对于大学生思想政治教育有着十分重要的促进作用。为了让大学生在有利于成长的心理环境中健康发展，需要关注并改善社会、学校、课堂、朋辈和家庭方面的心理环境。

一、营造健康的社会心理环境

（一）坚持正确的社会导向

社会导向主要是指受到社会舆情影响，遵循社会规范和道德标准的思想和行为倾向。社会导向对人的品德形成和发展有很大的影响。在大学中，社会导向对

思想政治教育起到了重要的作用。社会导向通常是由政府机构发起的，其基础为社会经济，在一定程度上反映了统治阶级的意愿，其对社会成员的思想和行为具有权威性的影响。

大学生思想政治教育必须顾及社会政治经济条件的制约和影响，并且要以政府的方针政策为基础。政府的方针政策应该与社会主流价值观念相一致。此外，大学生思想政治教育也是一种被广泛使用的社会舆论引导工具，它体现着社会舆论导向。因此，大学应该重视社会舆论导向对思想政治教育的影响力，并坚持正确的舆论引导方向。社会舆论主要通过各种大众传媒工具进行传播。随着社会的进步，传媒工具越来越丰富，传媒的渠道也日益多样化，一些传媒的传播速度也越来越快。现在信息的主要传播渠道已经从电视和报纸转变为网络传媒，网络传媒以外的其他媒介已经成为辅助手段。大学生的心理尚未完全成熟，他们在明辨是非方面的能力相对不足，但他们拥有强烈的正义感和情感表达诉求，因此很容易受到不实社会信息的影响。这种不实的信息会滋生负面情绪，破坏大学生品德和道德观念的构建。因此，大学需要采用多种方式（如校园网站、海报、广播）引导学生坚持正确的道德观念和价值观，培养其符合主流意识形态的思想，帮助其抵制不正确、不健康的想法。大学需要帮助学生深刻认识自我，为学生建立积极健康的社会心理环境。

（二）正确处理环境与教育的关系

为了正确处理环境和教育之间的关系，学校需要积极寻找社会环境中的积极因素，并努力消除其中的消极因素。人受社会环境的影响是非常显著的，其重要性不可忽视。然而，并不是说人只能被动地接受社会环境的影响。反之，人们可以通过认知和适应机制获取社会环境中的有益信息，并且排除其中的负面因素，以积极的方式不断完善自己的知识结构和精神需求。为了让大学生适应社会环境，改善社会环境对大学生的影响，学校可以采取以下措施。一方面，需要认真看待现实状况，引导学生知悉环境中的正面和积极因素，帮助他们接受这些因素，同时也要使学生关注环境中的负面因素，教育他们认识到其危害并提高自我保护能力。学校需要加强对校园环境的管理和建设，进一步改善育人环境，以实现对不良影响的抑制。另一方面，必须提升大学生的政治素养和心理健康水平，改善校园内部环境，提高学生的分辨能力、抗压能力、克服挫折的能力，从而使学生在各个方面得到全面发展。重视学生基本思维模式的建立，积极发挥学生的主观能动性。除了受到社会环境的影响，学生个体也有能力对社会环境形成反作用。尽管社会环境在潜移默化中对人产生影响，但这种影响是否能够发挥作用还要看个体是否受到其影响。在同一社会环境中，由于个体内在因素的不同，受到影响后所产生的结果也不尽相同。学校进行思想政治教育时需要重视学生思想基础的巩固，引导学生形成正确的世界观、人生观和价值观，同时也应注重培养学生健康的心理素质，使他们能够更积极地面对社会的各种影响，有效地抵御负面因素的干扰。

二、营造健康的学校心理环境

学校心理环境是由一系列因素所构成的，这些因素会对师生的心理产生影响。学校的历史沿革、道德理念、学术氛围、管理制度、人际互动以及校园文化等均为影响因素。大学生的学习和工作热情以及个性发展会受到学校心理环境的极大影响。一个积极的学校心理环境可以促进大学生道德素养的发展，相反，一种消极的学校心理环境则会妨碍这个过程。为了更有效地提高大学生思想政治教育的实效性，需要创造一个良好的学校心理环境。

（一）建设积极向上的校园精神

学校心理环境的核心因素是校园精神，它体现了学校的历史传承和价值观念，它是学校思想情感和人文特色的最高体现。校园精神在学校文化、教学风格以及学习风气等方面有着鲜明的体现。

大学校风是学校秉持的一种长期的精神状态和行事风格，这种精神状态和行事风格反映了师生员工的道德修养和信仰理念，也反映了从业教师的工作态度和学生的学术氛围。在建立良好的校风方面，必须从改善学校的经营理念入手，明确教育质量观念，提高学生素质，培养优秀人才，注重人才培养的多层次性、多类型化。此外，还需要提出严格执行的校训，并将其作为校风的象征。

大学教风反映的是教师在教学方面所展现出来的道德风范、学识水平、教育理念以及教学技巧等。好的教风应该具备以下特点：对工作充满热忱和敬业精神；善待学生，争做学生效仿的楷模；对待学术认真、负责、严谨、踏实；等等。提高教师专业水平和素质是确保营造良好教风的首要条件。特别是那些负责思想政治教育的教师，需要持续提升自己的专业素养。作为教师，要达成"传道，授业，解惑"的目标，必须具备牢固的基础知识，否则将很难赢得学生的信任和认可，从而对教学效果造成不良影响。除此之外，学校应该重视教师的生活，关心他们的需求，确保他们的生活需求得到满足。只有当人满足了基本需求之后，才会进一步追求更高级的需求与满足。教师通过教学工作所达到的自我价值的实现便是更高级的满足。若教师无法满足基本的生活需求，将直接对教师的社会职能产生消极影响，导致教学品质下降，教学成果不如人意。

大学学风是大学生长期学习，不断培养出的稳定的学习态度和习惯。大学学风不仅包括学生强烈的学习意愿、勤勉务实的学习态度、学以致用的学习习惯、创造性的学习思维，同时也包括对师长保持尊重、恪守纪律和法规、良好的道德修养。学风是学校文化的核心体现，受校风和教风的约束，同时也会对校风和教风产生影响。要养成良好的学风，需要重视学生的心理特点，并为他们制订适合的教学计划。内因对事物的演变具有根本性影响，学生的学习成果也受到个人心理需求的影响。要激发学生的学习热情和主动性，需要先了解学生的心理特点，深入了解学生的内心需求和兴趣，激发他们的学习动力，从而实现教学目标。另外，有必要加强针对学生理想信念的教育，帮助他们确立更崇高的人生目标。

（二）创建具有人文关怀的校园文化氛围

在教育领域中，一个至关重要的使命是提高学生对科学文化素养的认知水平。校园文化会对学生智力的成长产生有益影响，这些有益的影响包括对学生科学文化素养的指导、平衡、充实和提高。校园文化扮演着极为重要的角色，它不仅能够满足学生求知的欲望和好奇心，也是课堂教育所不能替代的有益补充。

校园文化由文化观展和文化活动两方面构成。文化观展包括在学校内展示名人名言、组织学生去校外参观历史古迹、宣传英雄事迹等多项活动。这些文化环境可以向学生展示榜样的力量，让他们受到启发和影响，让他们在不知不觉中接受英雄的思想和社会主流价值观，使他们将这些观念融入自己的道德和品性中。文化活动主要包括演讲比赛、辩论赛、知识竞赛和多种文体活动。这些活动不仅能够增强学生的身体素质，同时也能够培养学生的毅力，促进学生综合素质的全方位发展。

可以从两方面入手创建具有人文关怀的校园文化氛围。一方面，学校可以从学生的实际情况出发，提高学生思想修养，针对学生平常生活中可能遇到的困难与挫折提供具体的解决方法，帮助他们更加正确地了解自己，合理地看待挫折，不断提升自己的心理承受能力。另一方面，可以根据学生的心理需求，有针对性地安排讲座，关注那些学生经常遇到的心理问题。通过开展文体活动，满足学生的兴趣和需求，促进学生身心健康，进而影响学生的心理和思想状况，提高思想政治教育效果。

（三）逐步完善心理咨询机制

近些年来，越来越多的大学生出现心理障碍，人们逐渐认识到在大学生思想政治教育中，心理咨询扮演着非常重要的角色。因此越来越多的学校开始设立心理咨询服务机构，以此为学生提供帮助。尽管如此，仍有一些问题存在，主要表现在两个方面。首先，一般而言，心理咨询师由那些对心理学有着极大兴趣或有一定心理学背景的人担任，但他们通常没有接受过专业的咨询心理学培训，面对某些较为复杂的案例，难以有效解决学生的心理问题，他们也时常感到力不从心。其次，学校没有建立一个完善的心理咨询体系。一些大学仅提供书信形式的心理咨询服务，未提供学生与专业咨询人员的面对面服务，也有一些大学心理咨询机制相对单一，没有提供多种途径的心理咨询服务。因此，建立一个完整的、有组织的校内心理咨询体系是非常有必要的，完善的心理咨询机制的建立，可以多途径地、全面地为学生提供心理咨询服务。

1.培养专门的心理咨询人员

心理咨询涵盖了多个领域的知识，开展心理咨询需要从业人员具备高素质和高能力。除了必须具备专业心理学知识，这项工作的从业人员还需要拥有出色的沟通技能和丰富的社交经验。对于有心理学专业的学校，心理咨询服务工作可以任用心理学专业的教师。而对于没有心理学专业的学校，则需要聘请专业的心理学人才，为学生提供专业的心理咨询服务。

2.设立专门的心理咨询机构

每个院系需要设立一个心理咨询室，咨询室要不定期举办心理咨询讲座，开展心理测量工作，并针对学生的实际心理情况为学生提供心理答疑服务。经过实践验证，卡特尔的 16 种人格测验和症状自评量表 SCL90 等是进行心理测验的有效工具，它们能够准确地反映个人的心理问题并提供客观的评估结果。

3. 实施同伴辅导的咨询方式

在心理咨询中，可以采用同伴辅导的咨询方式。学校需要挑选一些有心理咨询背景和技能并且具有良好沟通能力的学生，让这些学生接受专业心理咨询培训之后担任同伴心理咨询辅导员，这是常见的心理学技术之一。年轻的大学生往往会对自己的同龄人有亲近感，因为他们更容易与这些同龄人建立互信关系，并且倾向于从他们那里获取建议、帮助，从而解决自身的问题。在心理咨询中，同龄人的支持和理解能够帮助年轻的大学生找到自身心理问题的缘由，进而解决心理问题。

三、营造良好的课堂心理环境

（一）提高教师心理素质

教师在教学中起到领导和组织的作用，他们不仅传授知识，还扮演着创建适合学习的课堂心理环境的角色。教育心理学家认为，教师对于引领和打造课堂的心理环境具有决定性作用。如果教师能保持身心健康、精神饱满，并能有效地掌控自身情绪，那么他们就能够充分发挥潜力，在课堂上营造出平和欢快的氛围。近年来，随着教学和科研任务的增加，对教师的要求也越来越高。许多教师因为课程教学任务繁重而处于亚健康状态，这些亚健康症状包括情绪不稳定和身心疲惫。教师的这些负面情绪可能会传染给学生，对学生的学习效率造成不利影响。据美国心理学家鲍德温对 73 位教师和 1000 名学生的相互关系进行的研究，教师的情绪状况与学生情绪状况有着密切的联系。那些情绪波动较大的教师可能会影响到学生的情绪状态，而情绪稳定的教师则能帮助学生保持情绪的稳定。很明显，教师的心理健康状况是创造积极的课堂心理环境的重要前提。为创造良好的课堂心理环境，必须建设具备健康心理素质的教师团队。除了增强自己的理论和科研能力，作为一名教师还应进一步提高自我控制和情绪管理能力，提高自身的心理素质。此外，教师努力培养自身卓越品质和良好人格也是必要的。教师可以通过积极健康的心态来影响学生，并和学生一起营造良好的课堂心理环境，这种环境的成功营造有助于提高思想政治教育的实际成效。

（二）创设和谐的课堂气氛

创造良好的教学气氛是保证教学有效进行的重要条件，而良好的教学气氛又是以良好的人际关系为基础或前提的。[①]

在教学过程中，班级内部的人际关系至关重要，它对保持课堂氛围的和谐起到了不可替代的作用。在良好的人际关系环境中，教师与学生、学生与学生之间可以实现融洽的互动，从而创造出愉悦的课堂气氛，这种课堂气氛可以激发学生的学习热情，进而提升学习效果。

为了营造融洽的课堂环境，教师应优化与学生的沟通过程。为了让师生关系更加融洽，教师应该掌握学生心理成长的规律并深入了解他们的思想和生活。通过关注学生的生活并与他们建立亲密的关系，教师能够增强与学生的互信并建立与学生的情感纽带。在与学生互动的过程中，教师应该平等对待，不偏袒任何一个学生。教师不仅要表扬出色的学生，还要善于发掘有问题学生的闪光点。建立一种良好的课堂氛围，使得优秀学生和普通学生能够互相交流和了解，促进彼此之间的互动，营造一个和谐而融洽的关系氛围。教师在授课过程中，可以尝试与学生在网上进行沟通，通过这种沟通了解到学生的想法和学生对课堂授课的建议，有效改进教学方法并提高教学质量。

另外，教师需要发展自己宽容的能力，培养自己的耐心。宽容可以理解为教师在对待学生时采取温和的态度和方法，主要包括在态度展现、时间要求以及问题处理等方面采用宽容、宽限和宽待的方式。教师需要妥善应对意外情况，意外事件发生时，教师应该首先保持情绪稳定，然后选择恰当的方式来应对突发情况。

（三）运用心理学知识，改善教学方法

目前，大学生思想政治教育课仍然以传统的讲授方式为主，即老师为主导，学生被动接受的灌输式教学。在这种教学方式中，老师过于强调知识的传授，而不重视引导，导致学生只有被动地接受知识，难以主动吸收，因此影响了教学效果。教师若运用心理学知识与原理，改善教学方法，将会显著增强教学效果。

---

① 彭锡钊，王振江，于颖 . 我国传统文化与学校思想政治教育 [M]. 北京：九州出版社，2017.

首先，教师有多种方法可以改进教学方式，例如，采用引导的方式让学生感到学习是有趣的而不是痛苦的。大部分学生认为学习是一项痛苦的工作，所以他们一直处在"苦学"之中。如果想要变"苦学"为"乐学"，最好的方法就是让他们体验到学习的成就感。

心理研究表明，所有人都有追求成功的心理动机，一旦达到目标，就会感到满足和愉悦。随着不断获得成功体验，学生学习过程中渴望更多成功的内驱力会不断提升，从而增强持续学习的动力。教师可以分析学生的实际情况，找到他们的长处和需要改进的地方，然后为其制订个性化的学习计划，帮助学生在学习的过程中获得成就感和满足感，从而增强他们的学习动力。这样一来，学生就可以实现由"苦学"到"乐学"的转变。

其次，教师在授课过程中应强调指导而非灌输，鼓励学生掌握学习的技巧。教育中必不可少的部分就是培养学生的学习能力，让学生学会学习也是素质教育的重要目标。这需要教师帮助学生找到学习的方法，并激励学生自主发现问题、解决问题，以此让学生真正掌握学习的能力。

在教学活动中，教师可以提供学法指导和认知策略指导来帮助学生更好地学习。学法指导旨在帮助学生养成良好的学习习惯，掌握高效的学习方法，以便更好地学习和掌握知识。学习习惯和学习方法的养成可以通过四种途径：阅读书籍，自我总结经验，从同学的建议中得到启示，接受教师的指导。这四种方法的实施都需要教师不同程度的帮助。当教师指导得当时，学生可以将所获得的知识转化为实际能力，实现"学会"到"会学"的转变。认知策略的指导主要是指教师从战略的高度对学生的认知体系进行引导与修正，从而让学生在思考问题时能够透过现象看到本质。

最后，教师在教学过程中，常常使用激励的教学方式。根据心理学研究，与惩罚相比，采用激励方式更具效果，这是因为激励方式更容易得到学生的认同和支持，更容易让他们接受老师的观点。使用惩罚常常会激起学生情绪的不良反应，导致学生产生对老师的不满和抵触情绪。这种情绪可能会转化为厌学心理，阻碍学生的学习进步，导致教学目标无法达成。在大学生思想政治教育过程中，教师可以广泛地采用激励的方式，激发学生学习的积极性，提高学生学习的动力，以此实现预定的思想政治教育目标。

四、营造健康的朋辈心理环境

所谓"朋辈"是指"朋友""同辈"。一般来说，当我们使用"朋友"这个词时，我们指的是那些与我们有交往并且可以信赖的人，而"同辈"则强调他们与我们的年龄相近或相当，通常拥有相似的价值观、经验和生活方式等。朋辈心理环境是指由大学生与朋友、同学互相交流和学习所营造出的心理氛围。心理学研究显示，大学生更倾向于寻求同伴的倾听与帮助，他们也更容易受到同伴的影响。在大学生思想政治教育中，教师可以利用朋辈心理环境，建立积极健康的朋辈学习氛围，帮助学生发展出高尚的品德。

（一）建立和谐的人际关系

人际关系是一种在人们生活的基础上建立起来的，由不同交往形式组成的心理或情感联系。当人与人交往时，同伴对自己的观察和评价会直接影响到自身的思考方式和行为表现。构建良好的人际关系对大学生来说非常重要，良好的人际关系可以为大学生提供安全感，满足大学生对友谊的需要，增强大学生的社交技能，并帮助大学生保持稳定的心态，从而进一步促进大学生的心理健康。

要营造融洽的同学关系，学校需要积极开展学生之间的活动，为学生提供社交活动与情感交流的场所。在相同的背景下，面对共同的挑战和目标，人们更容易产生情感上的共鸣，从而产生共情并建立友谊。此外，学校可以安排一些演讲活动，使大学生可以针对人际交流技巧进行深入探讨，为大学生提供学习和交流的平台。根据相关心理学研究，导致大学生心理障碍的原因之一是人际关系紧张。学校可以推行有针对性的措施，聚焦大学生的人际交往问题，定期组织讲座并请教师传授技巧，同时制作涉及人际交往主题的宣传栏和展板，解答学生的疑问，从而帮助他们提升人际交往技巧。

（二）开展朋辈心理咨询

朋辈心理咨询是指年龄相仿的同学通过给予心理上的支持、安慰和开导帮助需要帮助的同学和朋友，为其提供一种类似专业心理咨询活动的帮助。这个活动可以被视为一种非专业的心理援助，是非专业的心理工作人员对需要帮助者提供的心理咨询服务。大多数大学生需要这种朋辈心理咨询服务，因为这符合他们的心理需求。大学生喜欢在朋辈之间敞开心扉、分享自己的烦恼。在大学生遇到困境时采用专注倾听、适度引导、冷静分析和真诚安慰等方法，可以让他们重新获得自身的思维判断能力，而在进行相关引导、帮助、安慰时，朋辈有时比教师更具有优势。通过开展朋辈心理咨询，可以使需要帮助的学生摆脱消极情绪，重新建立信心，并制订积极的行动计划。在这个过程中，大学生之间的友谊有可能被升华，而且这个互相帮助的良性循环也会不断促进。对一些学校来说，开展朋辈心理咨询也有效地解决了本校专业心理咨询人员短缺的问题。

（三）创设团结和睦、积极向上的宿舍心理环境

对于大学生而言，宿舍是重要的生活和学习场所。在人员聚集的情况下，不同的观点和生活矛盾常常会显现出来。学校应该积极提升宿舍的形象，加强宿舍氛围的建设工作。此外，学校可以在宿舍楼中借助板报、壁画等形式向学生传达积极向上的价值观和精神风貌，以此来影响学生，使其树立正确的价值观。这些宣传活动可以汇聚成强大的宣传能量，推动宿舍心理环境的形成。学校需要促进学生自主管理自身的行为。这种做法能够激发学生的热情并实现学生对自我的约束，同时也有助于提升他们的管理能力并养成良好的行为习惯。只有当学校的规范被大部分学生遵守并融入他们的行为中时，才能真正在心理方面对学生产生具体的影响。通过推行学生自治，让学生成为学校管理的中心，使其积极参与宿舍环境营造、卫生清洁、设备维护以及思想教育等工作，培养他们将学校视为自己的家的良好归属感。

五、营造健康的家庭心理环境

家庭在大学生的成长过程中是至关重要的。孩子的道德品质在很大程度上受到父母的影响，因为父母在孩子的成长过程中扮演着重要的启蒙角色，孩子常常会模仿父母的行为举止。因此，父母的言行对于大学生道德品质的塑造至关重要，这一点不可轻视。良好的家庭心理环境是大学生心理健康和道德品质提升的关键因素之一。通过创造良好的心理氛围，家庭可以成为有效的心理健康教育和思想政治教育平台。如果学生成长的家庭环境是消极的、不健康的，那么他们可能会面临更多的心理压力，同时也有可能在心理素质和道德品质方面表现不良。研究

表明，很多问题少年的长成与他们的家庭环境息息相关。因此，打造一个健康的家庭心理氛围是大学生思想政治教育必不可少的一部分。营造健康的家庭心理环境，要从以下几个方面入手。

（一）提高家长的思想道德修养

只有家长自己的道德修养得到提高，他们才能成为孩子模仿的对象，才能在开展教育时赢得孩子的信任。古人说："其身正，不令而行；其身不正，虽令不从。"如果一个人的品德不正，就会导致他的行为也不得当。因此，只有不断提升自我文化水平和道德修养，家长才能给孩子提供高品质的精神生活环境。这样做会让孩子在无形中受到精神上的滋养和启发，从而培养情操、塑造品行、增强个性，进而形成高尚的品德和健全的心理。

（二）更新家长观念，树立民主、平等意识

据心理学研究，人类在幼年时已逐渐形成独立的个体意识。因此，如果家长能够重视每个孩子人格的独立性，引导和培养他们的兴趣爱好，让他们平等地参与重要的家庭决策和家庭活动，并鼓励他们培养自我思考和解决问题的能力，那么孩子的成长和发展就会受到正向的影响与激励。

随着经济的不断发展，人民的生活水准得到了大幅度的提升，很多学生自小便生活在养尊处优的环境当中，并且受到长辈们的宠爱。物质上的富足并不代表着精神上的富足，很多大学生年纪较轻，不具备足够的抗压能力，遇到问题或挫折常常难以应对，在挫折的影响下很可能产生严重的心理问题。要解决这个问题，需要家长转变传统的思维方式，改变自己过度关爱和缺乏包容的态度。家长应该同时扮演父母和朋友的角色，支持、理解和关心孩子，并根据孩子的实际情况来调整对孩子的期望。父母应该尊重孩子的独立思想，相信他们的才能，鼓励他们发展个人兴趣。总之，要在家庭中应营造民主和谐的氛围。

（三）遵循教育规律，科学育人

从心理学的角度而言，教学过程需要时刻关注学生的心理成长需求，采用适宜的教育策略以促进其心理健康发展。建议家长学习教育心理学的相关知识，了解适合孩子心理成长的教育方法，以便在孩子成长过程中能够正确引导他们的发

展。这样做不仅能够避免对子女成长的误导，而且能够为孩子提供他们真正需要的关爱。家长应该坚持德才兼备的培养原则，注重成人教育与成才教育的融合，不能过分强调人才培养而忽视人格健全，不应只注重智育，而忽略德育的重要性。我国一直以来都非常重视道德，尤其是在古代教育中，强调"德育"比"智育"更为重要，并且古人遵循以德为先的教育原则。此外，家长需要重视规则意识，并从小开始培养孩子的独立生活能力，以及办事认真、细致的习惯，鼓励他们在遵守规则的前提下充分展现自己的才能。家长必须与孩子保持良好的沟通和交流，及时了解他们的内心变化和想法，为他们提供准确的引导和有力的支持。

第五章 大学生思想政治教育视域下的心理疏导

本章为大学生思想政治教育视域下的心理疏导，主要包括心理疏导概述、心理疏导的价值取向、心理疏导的基本过程、心理疏导的方法与技术以及心理疏导的实施策略等内容。

第一节 心理疏导概述

一、思想政治教育中心理疏导的理论基础

所有学科都建立在科学和完善的理论基础之上，尽管思想政治教育学与其他学科存在独立性，但随着实践活动的不断深入以及研究者的不断探索，该学科的体系逐渐得到了完善。思想政治教育学不仅具备自身的理论基础，还借鉴了其他学科的知识，从而形成了多个分支学科，丰富和发展了自身的理论基础。思想政治教育中的心理疏导除了需要以思想政治教育学的理论为基础，也需要积极吸收其他学科的知识、理论和方法，以推动心理疏导在思想政治教育中的理论研究和实践应用。

（一）马克思主义

思想政治教育中心理疏导的指导思想与理论基础是马克思主义。马克思主义提供了一套科学的观念和方法，帮助我们发现自然界、人类社会、人类意识的普遍规律。马克思主义哲学深度剖析了精神和物质、社会思想和行动实践之间的辩

证关系，展现了人类思维发展与客观存在的紧密联系，同时强调了意识的能动性。这为我们准确理解人类心理活动的规律奠定了坚实基础。

马克思主义理论重视人的主体性、积极特质和能动性。人类是一种高级生物，但是人和其他动物的主要区别在于人具有意识，人具有动物所不具备的主观能动性。动物无法区分自身和其生命活动之间的界限，人类可以将自己的生命活动转化为自身意志和意识的对象。人通过有意识的行动能够将自身的意识转化为客观存在，展示人所具有的理性、知识、能力和目标等方面的丰富内涵。人可以通过自己有意识的活动促进自身不断超越和提升。

根据这种观点，进行思想政治教育的心理疏导人员应该持有乐观积极的态度，通过多种途径来激发学生内在的潜能，特别要注意引导学生的情绪并理解学生心理机制和心理效应的作用，帮助学生维持良好的心理状态，使其可以自主进行有意识、自由的生活和社交活动。因此，在思想政治教育中，心理疏导起着至关重要的作用。它能够通过解决学生的心理难题，为学生的成长与发展提供重要的基础条件，同时也能够有效促进客观活动的展开。可见思想政治教育中的心理疏导不仅具有重要的教育意义，更具有现实意义。心理疏导人员需要以积极的态度引导学生消除心理障碍，畅通心理通道。通过传达积极信息，进行正确的思想引导，学生可以用正面思维和信息充实自己的心灵空间，从而保持积极心态，并获得良好的心理体验。

（二）思想政治教育学

思想政治教育学是思想政治教育中心理疏导的重要理论基础。思想政治教育学发展到现代，在学科特色和功能定位上已经形成了一致的看法，基础性的理论研究，如方法论、价值论、本质论和过程论等方面也取得了丰富的成果，对思想品德形成发展的研究、对人的思想活动规律的研究、对人进行思想政治教育等具体内容的研究，以及关于如何协调个人与社会的关系、如何促进个体对社会的认同、如何团结和凝聚社会群体力量的宏观视野的研究等，都在不断丰富和创新。这些理论成果都是思想政治教育中心理疏导需要重点借鉴和吸收的。研究思想政治教育中的心理疏导，不能离开思想政治教育学中对教育对象特征和行为的分析，不能割裂心理与思想、行为、价值观的密切联系，不能淡化思想政治教育环境、载体的特殊性。在实践中运用和实施心理疏导，则需要与思想政治教育的其他方法积极互补和融合，在把握教育对象真实状态的基础上进行疏导和教育，依照思想政治教育的价值目标去计划、组织、协调和掌控疏导过程，从而使思想政治教育中的心理疏导能够系统有效地运行。

（三）心理学

心理学为思想政治教育中的心理疏导提供了有力的理论支撑。由于心理学专门研究人们的心理活动和现象，因此它与思想政治教育中的心理疏导密不可分。心理学的研究可以提供关于思维和情感产生及变化规律的重要研究结论，从而为思想政治教育中的心理疏导研究提供科学和客观的理论支持。这使得心理疏导人员能够更好地了解和应对心理问题。心理学的知识和技巧可以被应用于思想政治教育中的心理疏导，其中主要包括心理咨询、心理辅导、心理治疗等。

在思想政治教育中，为了达到更好的心理疏导效果，心理疏导人员需要考虑心理学不同理论流派和技术策略的优点与不足，并借鉴它们的介入方式。通过对心理学不同理论流派的优点进行整合，可以提升思想政治教育效果，同时使心理疏导更加有针对性。

（四）其他相关学科的理论内容

思想政治教育的理论内容可以从其他相关学科中获得灵感，这些学科的知识可以辅助心理疏导工作。虽然心理疏导已经成为思想政治教育研究的热点，但在实践中并没有标准化的操作流程和可靠的实践指导。这也许是因为在思想政治教育工作中，注重心理因素并实施了疏导措施，但尚未将这些经验归纳成普遍适用的方法。一些教育工作者在实际工作中也未能有效地疏导和调节教育对象的心理状态。相较于其他领域，心理疏导在思想政治教育体系中的重要性更为突出。在社会学领域，研究人员深入研究了各种心理疏导策略的应用，尤其对无直接利益冲突群体或基层群体的心理疏导进行了深入的研究。考虑到社会情况的复杂多变，思想政治教师需要关注受教育群体的心理状况。为了创造一个积极、和谐、稳定的社会氛围，教师需要倾听不同群体的诉求并且引导、管理他们的情绪和心态。在进行思想政治教育时，教师可以借鉴管理学的理论和方法，对群体事件、群体冲突、群体行为进行引导和研究，从而更加顺利地开展心理疏导工作。另外，心理卫生学和思想政治教育的心理疏导也是紧密相关的。心理卫生学的使命在于协助个体积极调节其心态，以适应瞬息万变的社会环境与生活现实。该学科旨在维护个体的心理健康，使其不轻易被外界环境所影响。思想政治教育中的心理疏导的目的是从人的本质出发，研究和掌握心理健康的规律和原则，帮助学生消除心理障碍，改变消极情绪，从而使学生获得健康的心理状态。

二、思想政治教育中心理疏导的显著特征

任何一个事物都具有众多特性，而主体作用于客体的方式和达成的结果不同，使得特定事物在原本主体诸多特性的基础上，又体现出作为客体的特性。所谓特征，就是反映一个客体或一组客体特性的抽象性质。心理疏导作为一个基本概念，有着基于主体的特性，但运用于不同的范围和领域，心理疏导的客体特性不断丰富和发展，从而形成了不同领域中的心理疏导特征。思想政治教育的学科属性也决定了心理疏导在思想政治教育中的运用和研究与一般性心理疏导有所差异，既有其特定的内涵，也有着显著的特征，主要表现在以下几方面。

（一）"务虚"与"务实"的统一

个人的主观感知与思想观念、心理态度紧密相连。尽管可以采用科学的评估方法和工具来分析个人的思想品德和心理状态，但由于思想和心理的隐私性和多变性，科学评估系统难以准确测量思想和心理问题的严重性，也无法完全消除这些问题和症结对个人造成的影响。尽管思想和心理的相关问题并不是可见的，但它们显然是客观存在的。精神上的疑惑和困扰常常比身体上的疼痛更加让人难以承受。当身体经历疼痛时，可以向医生求助以获得药物或手术治疗。但是当身体健康，心理和思想上存在问题，那么其带来的痛苦会扰乱整个人的机能，导致无法名状的悲痛和绝望感，极端情况下甚至可能威胁到生命。人们常常忽略思想和心理对于现实生活的影响，但实际上很多生活事件和决定往往都受到它们的支配。弗洛伊德提出的潜意识理论恰当地描述了潜在的心理活动在意识层面之下发挥的重要作用。通过情感引导、认知疏通等方式，可以帮助那些存在思想问题、心理疑惑的人进行积极思考和自我反省，促使他们获得心理健康和幸福感。具体而言，在思想政治教育中，心理疏导的"务虚"指的是积极关注和引导学生主观思想、

心理和精神等内在系统对客观世界产生的指导和推动作用。通过对话、分析、辩证指导等方法，学生可以消除心理障碍、解决思维难题，让看似无意义的事物变得积极和有价值，从而促进学生内在的充实和完美，实现自我提升。

"务实"意味着将学生的实际能力转化为行动，并努力开发学生的潜力，以帮助学生实现个人的价值。为了实现学生的全面成长，首先需要通过心理疏导来帮助学生建立健康的心理状态和优良的思想品质。此外，还需要帮助学生将这些内在力量转换成外在的行动和实际操作，从而促进学生的全面发展。学生需要积极参与社会活动，不断增强自己的能力并提升自己的内在品质，用高尚的品德和良好的心态来引导和塑造自己的行为，从而实现道德和行为的无缝衔接。学生通过友善和诚实的交往方式与他人相处，建立积极的关系，同时，在帮助和服务他人的过程中扩展思维，丰富内心，把个人的价值和集体的利益紧密联系起来，使自身价值在整体中得到充分体现。因此，思想政治教育中心理疏导的根本目标在于帮助学生拥有良好的心理状态，从而重新融入社会生活，而非仅停留在"务虚"层面。健康的心态不是脱离现实世界，而是在平衡和适应社会生活时不会因为沉溺于物质现实而失去追求自我提升的意愿和决心。因此，在进行心理疏导时需要考虑到"虚"与"实"的平衡。在思想政治教育过程中，需要为学生提供心理疏导帮助，使他们缓解并消化心理和思想上的困惑，从而帮助他们更充实地发展自我。除了重视理论探讨，心理疏导人员还需要关注具体情况和实际操作，帮助学生将自身的成长落实到实际行动中，使学生在现实生活中不断进步和完善，同时也能积极为他人和社会做出切实有效的贡献。

（二）普遍性与特殊性的统一

普遍性是指适用于所有人的一般属性。每个人都会面临与现实密切相关的心理和思想问题，尽管这些问题由于历史和逻辑的不同可能存在差异。这些问题与人们共同面对的领域有关，包括生活、生命、世界观、人生观和价值观等方面。尽管每个人的生活和生命经历都是独特的，但大部分人的生活和生命历程存在一定的相似性，只是表现形式和人们持有的态度存在不同。个人的心理受到多种因素的影响，其中包括人生价值取向和个体与外部世界的相互作用。人生观包括个人对于人生态度、人生规划等问题的看法，它对个人的心理状态有着不同层面的影响。世界观对人心理的影响相较于人生观和价值观来说更为宏观。由于心理问题存在的普遍性，可以使用通用的流程和技巧进行有效的心理疏导。虽然思想政治教育中的心理疏导有其独特的学科特点，但它与一般的心理疏导方法并不冲突，可以借鉴一般的心理疏导方式来关注个体心理，实现对个体心理的引导。

特殊性意味着每个人的具体问题都有其独特的表现方式和呈现形式，因此每个人的心理问题都是不同的。每个人所面对的实际遭遇不同，可能表现为焦虑、抑郁、恐惧、自卑或者自负，但是会因为程度的不同而对人产生不同的影响。有些人的心理问题可能相对较轻，因此不会对其个人生活产生极为严重的影响。而有些人则较为严重，导致个体难以适应现实社会的生活，并且对社会充满不信任感和恐惧感。这些人群的心理问题有的还会急剧恶化，最终演变为精神障碍性疾病。对于拥有不同心理状况的人群，使用不同的心理疏导方法可以使得帮助更有针对性。

（三）方法与理念的统一

心理疏导在思想政治教育中的应用，不仅是方法上的新探索，更彰显了在理念层面的创新。心理疏导是应用心理咨询理论和技巧，通过思想引导的原则和方法，对个体进行心理支持和帮助。它既能解决心理层面的问题，又能解决思想认知层面的问题。这种方法的成功得益于学科融合的优势，单独心理咨询或思想政治教育难以解决的问题，采用思想政治教育中的心理疏导方法可以得到更为妥善的解决。众多研究者已证实和认可，心理疏导作为一种思想政治教育新方法在应用中的可行性。

心理疏导常需要运用各种技巧，如指导性的谈话技巧、审视思考方式和咨询技术等。如果缺乏这些必要的手段，我们就无法清晰地传达观点和理解心理问题的症结，导致思维受阻，情绪无法释放，思路也变得混沌，最终无法达到预期的效果。因此，在实施思想政治教育中的心理疏导时应采用多种形式的策略，以达到疏导的目的。在实际场景中，心理疏导需要考虑各种不同的情境，因此需要采取不同的策略，以满足相应的要求。此外，心理疏导拥有自身的特征，例如，更加注重教育对象的心理健康，强调保持其良好情绪状态对于教育工作的重要意义。思想政治教育中的心理疏导融合了心理学的专业知识、理论和其他方法的优点，同时，它还兼容了管理学和工作学的技巧和方法，并采用了弹性多变的方式，充分融合了情感因素并促进心灵互通，更注重与受教育对象建立良好的互动关系，通过这样的互动帮助他们表达心理上的困惑和问题。与教育对象建立良好的信任关系，能够更有效地对其进行指导和引导教育，这种方式更加符合个体心理活动规律。

心理疏导在思想政治教育中扮演着重要的角色，它蕴含着浓厚的人文关怀。尽管指明思想政治工作缺乏一定的人文关怀是不完全合理的，但这种批评也反映了一定的现实问题。在革命和社会主义建设初期，重视国家、社会、集体、贡献、义务等主导价值理念是必要的。这是由于当时的社会背景和国家发展状况的特殊性导致的。为了激发人们投身革命和开展社会主义建设的热情，必须大力开展思想政治工作。当时，由于国家的贫困落后，个人的发展和命运也无法得到足够的重视。这不是主观上的错误，而是时代发展的必然结果。当前，随着社会的迅猛进步，各行各业都取得了显著的进展，整个国家和社会呈现出全新的面貌。因此，在当代社会环境中，我们应注重关注个人成长的需求和目标，并积极创造条件，以确保每个人都能获得良好的成长机会。思想政治教育中的心理疏导可以帮助人们将人文理念转化为实际行动，以积极、健康的心理应对现代社会面临的各种问题和挑战。

三、思想政治教育中心理疏导的原则

在思想政治教育领域，大学生心理疏导已经取得了显著的进展，并且必将不断更新、发展。然而在当前阶段，为了心理疏导迅速普及并应用于大学校园和实际工作中，必须经历一个漫长的过程。具体的原则如下。

（一）确立正确导向

在大学里，领导干部确定一个正确的思想导向是十分关键的。只有在领导干部正确引导思想政治教育工作的时候，心理辅导员才可以有效开展心理疏导工作。经验表明，倘若学校领导对心理疏导产生误解或者偏见，那么此领域就不容易发展，呈现低谷期。目前，大学心理疏导工作初步取得一定成果，相关基础设施同知识准备也已经有一定的构建，然而非常多的大学里面依旧急需专业人才支持这

个领域的发展。在辅导员群体中，深入了解与真正掌握心理学内容的人还是较少。然而，心理疏导工作却正好应该由精准掌握心理科学知识的处于管理层次的人员来负责。只有当领导对心理疏导有了极高的重视，并且能够对思想政治教育中心理疏导的实际应用状况加以了解，此方面的工作才可以得到进一步发展，并且更加具有针对性、条理性、目标性。此外，只有得到关注，试点经验、人才培训方案等才会得到有效推广与实施，从而加快心理疏导工作的深入开展，让更广泛的群体受益，有效提升思想政治教育质量。

（二）遵循科学态度

在大学思想政治教育工作里，为大学生提供心理疏导服务是一个长期的创新点，需要我们以科学的态度来引导。在进行心理疏导的时候，应该既积极主动对受访者的心灵深处进行探索，同时也应该小心谨慎地处理，防止触及敏感话题。进行心理疏导工作的过程中，需要以实际情况为基础，一点点解决问题，并且应该避免急于求成的做法。如果条件不够充足，不能够强行展开工作，否则可能会适得其反，导致工作产生负面影响。举个例子，心理测试和心理咨询工作非常专业化，应该由专家进行指导工作，同时需要有专门的相关人员帮助展开工作。不能自由、随意地对学生进行心理测试，咨询活动也是如此。此外，对于大学生的心理问题不应轻易下结论。出现心理问题的大学生应该被认真对待，尤其对于那些具有障碍性心理问题的学生，必须采用科学的处理方式。

（三）尊重个体差异

心理疏导工作必须尊重个体差异，根据不同学生的情况进行处理。由于学生的心理状况与生活、成长的环境是不一样的，他们的心理状态会有所不同。所以说，思想政治教师需要根据不同学生的实际心理状况，给予他们独特而充分的尊重，使用不一样的方法，并通过心理疏导的方式帮助他们实现差异化心理发展。

要体现尊重个体差异的核心，就需要采用差异化的心理疏导措施。思想政治教育者对待学生应该尊重、接纳并理解，考虑到学生的差异性，从而给予他们不一样的心理疏导，同时心理疏导应该在设计上具有灵活性、弹性以及动态性，这样可以让学生在自主选择的基础上进行共享。由于思想政治教育过程中不一样的学生所需的心理疏导与接受的范围存在一定的差异，所以，思想政治教师应该对学生的家庭背景、生活状态以及个人的社交圈有充分的了解，从而更加具有目的性地对他们为何形成心理困惑或者障碍进行了解。

（四）着眼解决问题

心理疏导工作的目标在于有效地处理大学生的心理问题，或者遵循心理规律有效地开展思想政治教育工作。既利用心理学方面的知识，同时也使用思想政治教育的技巧与策略，两者整合共同帮助学生面对工作、社交以及生活当中存在的困难，从而让思想政治教育工作的实效性提升。倘若不可以对心理问题进行有效治疗，思想政治教育工作中的心理疏导就只是空话，缺乏现实意义。思想政治教育工作应该采取怎样的方法，如何科学有效地使用这些方法去帮助那些有心理和情绪问题的大学生进行调整，并且让他们正确地看待个人的得失，以上这些问题对心理疏导工作者的能力水平与素质要求是一项考验。只有在解决具体问题的过程中将这些能力提升，才能够夯实心理疏导工作的基础，保证工作的有效性。

（五）注重创新发展

大学生思想政治教育工作中，心理疏导的应用是非常重要的实践工作，实施创新与发展的同时也需要注重实际行动，不能只停留在表面空谈，或者追求虚无缥缈的理论，一定要坚决避免这种做法。然而创新与发展应该是在持续性的探索与长久性的实践过程中总结经验而形成的，第一，心理疏导工作实践需要创新与发展。举例来说，部分大学提供电话热线、在线课程以及心理咨询活动等，即使不能完全将学生的心理障碍解决，但在一定程度上可以在他们遭遇困境的时候提供帮助，让他们的情绪得到一定缓解。第二，需要考虑大学生的心理特点，因为随着成长时期的不同，他们的心理需求也会产生一定差异，从而产生各种不同的心理反应。要想更精准地开展心理疏导工作，就应该深入研究大学生的心理需求，并且在思想政治教育中运用特色手段，更好地把握教育规律。第三，具备总结经验的能力，能够将其提炼成通用的指导原则。在思想政治教育工作过程中运用心理疏导，需要具体的实践，为此，学校上级领导应该对教师的辅导授课加以重视，协助他们积极积累工作经验，特别是注重学习与分享成功的实践经验与有效的方法，以确保心理疏导工作能够持续创新和进步。

第二节　心理疏导的价值取向

一、人本取向

（一）心理疏导坚持人本取向的必要性

心理疏导坚持人本取向，是具体落实人本要求，从尊重和关怀教育对象的基本立场出发，通过情感感化、舒缓疏通、启迪引导等人性化的方式真正帮助和支持学生。这既符合我党以人为本的执政理念，更继承了我国的文化传统，是教育人本性的体现，也积极借鉴了人本主义心理学的合理内容。

1. 符合我党以人为本的执政理念

作为一种实践活动，思想政治教育旨在向学生传递社会性的思想内容与价值规范。这种实践活动必须同中国共产党的执政理念与基本精神相符合，同时也应该同社会主导的价值要求具有一致性。思想政治教师需要在工作的过程中融入人的基本需要，采取人性化的方式，增强学生对社会主流价值观的认可和实践。运用心理疏导开展思想政治教育，体现了对人性的尊重和关注，以及心理健康对于个人发展和成长的重要影响。这种方法以帮助和关爱为导向，在建立良好的沟通关系的基础上促进个体的心理健康和自我提升。思想政治教育在具体工作实施的过程中应该考虑学生的特点，包括语言方面的运用、情境方面的设置以及内容方面的融合等，以匹配他们的接受程度，从而让心理疏导工作得以展开。思想政治教育工作中的心理疏导同中国共产党以人文本的执政理念息息相关，两者均始终致力于加强落实与深化这一理念。

2. 符合我国文化的人文传统

心理疏导在思想政治教育中的应用可以被视为对中国文化传统中人文价值的传承，因为它能够帮助人们养成优秀的人格、良好的价值观并达到较高的境界。心理疏导是一种改善个体心理状态和转变个体思想的方法，与我们国家传统文化强调的人格培养方式存在一定差异。思想政治教师应该对实际生活中人们之间的差异性与多样性有所认识，在开展心理疏导的过程中，不能仅仅让学生借助禁欲、格物致知以及反思自我来实现自我价值，同时还应该给学生一些不同于内在的指引与感化，让学生在社会沟通以及实际生活的过程中，能够借助同他人和社会的双向互动来丰富自己，实现个体的成长。所以说，心理疏导秉承了中国文化传统的核心价值观，即以人为本。

3. 符合教育的人本性要求

思想政治教育中的心理疏导是帮助教育对象改善心理状态、帮助个体逐渐成熟的活动，同时也是对教育人本性要求的一种体现。思想政治教育工作具有一定特殊性，不仅满足了教育性的基本要求，并且其主要受众是人，基于人的需求开展工作。心理疏导关注个体的心理需求与情感诉求，同时注重健康的心理状态对于个性塑造与发展的重要性。借助教师对学生的积极引导，从而让学生在实际生活中能够实现心理的和谐，进一步促进个体活动的有效开展，充分发挥个体潜力，使个体能够在社会中全面健康成长。这不仅是思想政治教育中的关键内容，同时也让教育以人为本的本质要求得以彰显。

4. 符合心理学的人本主义精神

人本主义心理学的核心理念是对人的关注与注重，旨在利用心理学积极地解决个体在实际生活中的困难，并对个体的成长有所帮助。以上所说的人性化的特点和以人为本的理念，与心理疏导在思想政治教育中的作用具有一定的相似程度，均注重人的心理，促进人在日常社会生活中的健康成长。就实际情况来说，心理疏导采用了人本主义的理念，关注现实社会不断变革所产生的适应压力、个人发展面临的挑战，以及虚拟信息技术所带来的问题。这些问题对个体的生活产生了重要影响。所以说，应该依照学生的差异性，借助不一样的措施、步骤来进行心理疏导工作，让他们能够在遇到生活中出现的各种困难的时候有效解决，并在这个过程中形成积极乐观的心态并获得良好的情绪体验。同时，在面对社会的进步与科技的发展时，心理疏导应该指引学生通过积极、理性以及善良的形象彰显自我主体的地位和独特价值，从而保证学生的成长能够同社会进步相统一。

（二）心理疏导人本取向的具体要求

思想政治教育是关乎人的工作，旨在引导人的思维并优化人的行为。思想政治教育应该把人置于核心位置，关注人的需求和价值观，否则思想政治教育工作将失去意义。为了真正实现以人为本的思想政治教育，教师在基本理念的设置上就应该以人为本，并在工作实践中付诸行动。在进行心理疏导的过程中，教师应该将引导和改变人的心理作为首要任务，坚持以人为本的原则，通过尊重、体谅以及关心人，实现对个体的引导与提高。

1. 尊重个体的个性和正当追求

人与人有一个关键性的区别就是个性与追求的不同，这就使人们的认知想法、生活状态以及思想观念产生了一定的差异，导致人的发展处于不一样的状态。思想政治教育过程中的心理疏导既将社会发展的根本目标当作方向，也对实际生活中人的丰富个性与正当价值追求有所注重，并对人们所共有的关于美好生活的理想和关注现实自我的动机有所注重。因此，在心理疏导进行的过程中，教师要依照学生所提供的问题进行有目的的指引与疏导，不仅要基于正确的三观，同时也要对他们的独特性给予充足的尊重与理解，帮助个体处理心理困惑与认知矛盾，使他们不断成长和丰富自身。这不仅体现了思想政治教育在培养人方面的独特性，也间接地为社会发展提供了人才。

2. 聆听个体的内在诉求

建立积极的互动关系是人们心理健康得以维持的重要基础。进行心理疏导的时候，教师应该采取客观的态度去聆听，能够让学生充分发泄自身的不满情绪，以此来帮助他们改善负面心理。当然，作为聆听者，不仅需要接收信息，还要像调节阀与疏导钮一样对所接收的信息进行积极、有效的判断与分析，同时要选用一种与疏导者相适配的疏导方式，并在适当的环境下发起反馈与回应。值得注意的是，要让学生感受到尊重和关注，这样，他们才能够更加舒适和自在地表达他们的想法和感受。同时教师应该及时提问，这能够让学生感受到更多的积极情感与体验，为之后的引导打下良好的基础，从而得到不错的成效。

3. 理解个体的具体处境

随着社会和个人生活的快速变化，人们往往会面对无法适应与应对的负面心理困境，这是非常普遍的现象，人们在生活中都会遭遇这种不舒适与消极的体验。同时，在这些困难与问题面前，个体在心理上会形成各种不适状态，甚至会使个体的成长受到一定程度的影响。这会导致学生产生对自己的负面评价，并产生对现实生活的不满情绪。倘若不能够在第一时间有效地解决问题，将会对个体自身成长与社会进步造成不利影响。所以说，教师应该具备一定的同理心，能够更深入地感受并理解受疏导者身处的状态，与受疏导者进行深入的谈话，谈话内容应该具有一定的积极影响，并采取辅导措施，有助于学生克服心理困境直到消除负面情绪，获得积极的心态。借助心理疏导措施改善学生的情况，提高其实现发展目标的信心。教师在态度上应该饱满、真诚，对学生施加正面情绪进行引导。

4. 体谅个体的现实境遇

体谅的意思是站在别人的立场上思考问题，考虑他人的感受，给予他人关心和理解。德育专家提到一种以道德情感培养、健全人格发展、促进个人实现为基础的"体谅模式"，以帮助学生更好地理解并实践这种美德。在进行思想政治教育时，心理疏导也是在理解和体谅他人的基础上进行的。在教育中，体谅意味着能够想到他人的处境，尤其是在人们性格、心理条件各异的情况下，必须具有同情心与关爱之心。体谅不是对违法行为的纵容或姑息，而是体现人道主义和社会公正的表现。以体谅为基础的人性是实现个人发展和社会进步的必要条件。因此，思想政治教师应该主动理解并关注学生的情感与心理状态，使其能够更好地成长。并且，也需要遵循规定的标准，防止排斥与反对心理对思想政治教育造成的不良影响。同时，教师应该积极理解生活中存在的多种多样的矛盾与无法改变的事实，并从对方的角度思考问题，能够为他们着想，体谅他人的困难，需要利用心理疏导的作用帮助学生缓解内心的烦恼与疑虑。

二、文化取向

（一）心理疏导坚持文化取向的必要性

在心理疏导的过程中，思想政治教师的主要作用是影响和调节学生的心理状态。但是，文化与人的心理是紧密相连的，因此在探究人类心理状态时必须兼顾文化与心理的作用。文化心理学的研究发现，人类的心理发展不是自然而然形成的，而是在文化的影响下逐渐形成的。文化是人们在社会活动中的独特媒介，同时在历史长河中不断积累，在人类心理建构过程中起着关键性作用，影响并塑造着我们的心理过程。因此，文化与人的心理是无法分开的，两者是彼此关联、彼此影响的。心理是文化的充要条件，文化是心理的外化；同时，文化又是心理的充要条件，心理是文化的内化。显而易见，心理和文化相辅相成、相互作用，人类心理是受文化影响的，这就使得心理疏导坚持文化取向具备理论上的可能性。

1. 生成和创造文化也是人心理的表现和发展

人在创造文化的过程中必然伴随着主观性思想、心理和精神的产生，体现着人的主体作用和本质力量。"在心理建构的过程中心理机制本身是能动的，具有对社会文化作用的整合机制。"① 这就是说，人的活动是在一定文化环境中开展的，但人能够发挥心理的认知分析作用、意志强化作用、信念维持作用和行动展示作用，使自己在特定的文化背景下创造出新的文化形态，而且还能够在这一过程中使自己的心理内容得以更新，心理态度进行转变，心理世界得到充实，从而不断发生着心理与文化的建构，体现出人的深刻内涵。

2. 文化影响心理健康

研究者关于心理健康的标准、内容和表现有不同的看法，然而经众多研究者发现和确证，心理健康相对公认的一条内容便是心理健康取决于社会文化的要素评价和基本价值，即一个人心理是否健康最终需要依托社会基本的文化价值来判定。文化影响心理健康的观点最具有代表性的研究者美国心理学家霍妮，她从社会文化的角度对正统精神分析学派做了批判和修正，以文化决定论取代弗洛伊德的生物决定论，在她的著作里表达着这样的观点："如果我们对我们生活于其中的文化环境有所认识，我们就有可能更深刻地理解正常情感和正常心态的特殊性质。"② 学者曾文星编著的《文化与心理治疗》一书认为："文化在无形中影响且塑造着我们的行为表现方式和所面对的心理问题的性质，并左右我们对问题的处理方法，包括对困难的适应模式，以及遭遇挫折或生病时的反应与处理方式，而且也无形中左右着医疗的方式及辅导的重心。"③ 文化之所以影响人的心理健康，既由于人不能离开文化而存在，总是受到特定文化的塑造，还由于文化是多层次、多内容和多要素的系统，通过不同形式的介入而对人的心理健康产生影响。文化

---

① 崔景贵. 解读心理教育：多学科的视野 [M]. 广州：中山大学出版社，2004.

② 霍妮. 我们时代的神经症人格 [M]. 西安：陕西师范大学出版总社，2021.

③ 曾文星. 文化与心理治疗 [M]. 北京：北京医科大学出版社，2002.

蕴含的思想态度和价值内容总是以直接或间接的方式渗透人的心理，使人的心理健康不仅体现为主体性的要求，还带有文化的要求。

（二）心理疏导文化取向的内容表现

1. 以主流文化和先进文化为主导

主流文化作为官方话语体系的代表和捍卫者，影响着国家与社会的未来发展，它承担了民族和人民的期望，其正确且先进的价值观念以及导向均是借助于综合考虑历史与现实而得出的，其在社会与个体的引导与塑造方面有着积极作用。

主流文化的塑造和影响对加强民族的团结与凝聚力具有极大的帮助，进而促进社会的不断进步与国家的发展。先进文化具有反映社会发展的领先性质与服务人民利益的高级要求，在多元文化中扮演着主导的角色。尽管各种文化通过各种形式满足人们的要求，但它们需要以社会所倡导的先进文化为参考标准，从而进一步提升个人的文化与品位。在培育与传播主流文化的过程中，思想政治教育是一项关键性的教育活动，在实践的时候需要以主流文化价值理念为指导原则。心理疏导过程中需要恰当地与主流文化和先进文化整合，确保这些内容穿插在教育过程中，以更好地达到教育的目的。借助心理疏导来协助个体解决内心的矛盾，从而让个体能够拥有健康心态。然而，这是建立在认可文化价值规范的基础上的。这就让思想政治教育中的心理疏导同专业心理治疗有了一定的差异，因为文化价值的介入与引导是心理疏导的核心要求。

2. 吸收传统文化中的优秀素材

在执行心理疏导任务的时候，思想政治教师需要参考并充分吸取传统文化中的有益元素，以多元化的形式呈现传统文化的内涵，从而更好地符合学生的实际情况，使过程更加自然、贴切、生动。

其一，加入相关格言。所谓格言，是指"世代相传并通过文化筛选的价值观念，是文化产品。格言通常用来劝导别人，含有教育辅导性质，也是揭示社会的某种规律、阐明某种道理的言辞。格言的特点是精简明确，很容易表达所包含的意思，包括所蕴含的哲理，可以给人清晰和深刻的印象与理解"[①]。我们国家的传

---

① 朱金富.传统思想与心理治疗：临床上的应用[M].北京：北京大学医学出版社，2009.

统文化格言包括待人接物、道德修养、身体养护等多个方面，内涵深厚，有一定的引导性、启发性、警示性等。在心理疏导的时候，教师能够适当引用相关的格言，不仅能够展现我国的文化内涵，还能够增加教育的趣味性与自由度，进一步突显人文情怀，从而让疏导成效得以提升。格言的作用不仅在于提醒和警示，也能够为学生提供有益的解决方案，帮助其缓解和调整情绪。

其二，考虑运用俗语。俗语在人们生活中经常使用并广为传播，通常在表达风格上幽默、精简、易懂，并且有着深刻的思想内涵，被广大人民所相信。心理疏导中，教师使用俗语不仅能够增强引导语言的效力与形象性，还能够建立融洽和谐的氛围，让师生之间的距离更近。

其三，采用寓言故事。中国传统文化所包含的寓言故事即使包含着神话元素与朴素的特点，人们也依旧认可与信奉。文化故事对人们追求真、善、美的生活方式有着积极的鼓舞与引导。心理疏导的时候，教师巧妙使用寓言故事有助于学生理解自己心理问题的本质，同时也能够让他们深入认知寓言故事中的内涵，并对自身的生活进行改善。①

教师借助传统文化所包含的格言、俗语以及一些寓言故事帮助学生缓解心理压力、解决心理难题，让他们能够拥有良好的、健康的心态。所以，教师在选择寓言等传统文化内容的时候，应该考虑它们对于疏导的帮助效果，同时在这个过程中应该加入谈话，如教师对文化的解释、分析以及论证等，从而使学生发生心态上的改变与心灵上的反思。

3.适当融入轻松的大众文化产品

当人们融入大众文化的同时又能够让自身得到满足，有助于驱散心中的阴霾，使人们感到愉悦与自由，全身轻松。所以，在进行心理疏导时，教师能够通过一些令人愉悦的文化产品使得心理疏导更加贴近学生的生活，既轻松又积极。

其一，利用舒缓轻快的音乐让学生获得心理的放松和平静，以达到消除心理障碍、促进心理健康的目的。早在两千多年前人们就认识到音乐与人心理活动的关系，认为通过礼乐的感化和教化功能，不仅能使生活和谐，修身养性，还可调节精神，有益健康。18世纪国外已经开始进行音乐心理治疗的研究，到20世纪

---

① 朱金富.传统思想与心理治疗：临床上的应用 [M].北京：北京大学医学出版社，2009.

50 年代诞生了音乐理疗，目前在世界各地广泛开展。在临床心理治疗中，主要有三种音乐治疗方法，即感应式音乐治疗、参与式音乐治疗和音乐电疗。具体到心理疏导中的音乐运用，教师先要通过交流对话了解学生的情绪状态和心理状况，以此为基础选择与学生当前状态相符合的音乐，音乐选择既要符合学生的知识层次和接受程度，还要起到音乐的熏陶、感化作用。因而，既可以选择经典、高雅的钢琴曲，也可以选取人们广泛接受和传唱的流行音乐作品，根本目的是通过创造和谐轻松的氛围促进疏导过程的开展，增强疏导的具体效果。

其二，在视听结合的过程中观看一些有着积极能量与正能量的内容，有助于学生将内心的压力充分释放，从而实现心态转变。在当今自媒体日益流行的时代，人们喜欢使用现代技术对实际生活中印象深刻与温暖的瞬间进行拍摄与记录。这些短片代表着广大人民群众的真实体验与看法，与其他人的生活情境有相通的地方。为了增强思想政治教育工作的效果，教师需要跟上时代发展，运用多媒体等相关信息技术与信息产品，以生动有趣的方式对学生进行有目的的并且趣味十足的教育与引导。教师事先收集和整理与之有关的视频资料，然后结合教育知识对以上的素材进行适当的剪辑，以帮助学生寻找心理疏导的方法。通过在心理疏导过程中适时共享视频资源，教师能够引起学生的个人反思与心态上的有利改变，以针对学生所反映的问题做出更积极有效的干预。短片放映完成后，教师应该利用短片的故事，采用引导与说理的方式，让学生同自身的生活联系起来，体会短片中蕴含的内涵与道理。并且，教师同学生需要进行深入的沟通，这样更有利于学生获得启发。

三、社会取向

（一）心理疏导坚持社会取向的必要性

1. 只有在社会中才能体现出人的心理的高级性和独特性

人的心理与动物心理相比，之所以更为复杂多样和形态丰富，既有高级的心理机能、心理机制，也有独特的心理心理活动，是因为人类社会是人的心理现实性的来源和实践上的明证。

人的心理的高级性通过社会交往的形式得以表现。"交往是活动最重要的形式，是形成一切高级心理机能的社会基础，没有社会交往就不可能产生高级心理机能。"① 维果茨基的高级心理机能理论为我们理解人的心理在社会交往中的进阶和演化提供了重要支撑，即人只有在社会交往活动中才能实现低级心理向高级心理的发展，也才能发挥心理活动的作用和功能。如果在婴儿时期人就被社会隔离，没有经过社会化过程，没有与他人的社会交往，那么最后发展形成的只可能是动物性的低级心理，对人类社会的现象和活动无法理解和参与。在社会交往和社会生活中，个体接触范围的扩大和接触人群的增加会使个体不断发展出逻辑记忆、抽象思维、丰富情感、坚定意志等高级心理的形式，在这些心理的发展中存在的自我能动性的发挥和对他人的经验借鉴，并不等同于低级水平的随意性、自发性、直接性和机械性心理。

人的独特的心理特征可以借助参加社会的有关活动得以彰显。作为社会成员，人们无法避免通过多种多样的方式参与社会活动，即使最后产生的结果与成效是不一样的，但是这些均会对社会历史的发展造成影响，形成社会历史的推动力或阻力。在参与社会活动的时候，人们往往会扮演不一样的角色，且角色也是有差异的，这就导致人们参与社会活动的形式也具有一定差异。参与社会角色的扮演不仅要求个体应该有着一定的知识储备与技能水平以及社会经验，同时还应该有融入表演角色的心理体验、心理导向与品德。每个人的心理导向不同，使得每个人在表演社会角色时所呈现出的行为与结果也有所差异，这也导致了不同人的发展差异。所以，人们在参与社会活动过程中的心理特征会在外在行为上得到彰显。

2. 社会是人的心理的最终指向

人的心理是在与社会互动的过程中形成的，社会活动与人际交往会导致心理性质与内容的变化，并对之后的社会互动产生相应的影响。但是，个体的心理指向与作用并非无意识发生的，而是受到人类主观性的想法与思维活动影响。这种指向展现了个体的主体性特征与价值，并用于表达自身的诉求与心愿，期望社会可以给出相应的回应与解决方案。

当学生融入社会之后，会直接感知当前社会的发展状况，从而对自身的心态与心理上的机能进行持续性调整，进而在实际生活过程中探寻自身发展与成长的

---

① 王光荣. 文化的诠释：维果茨基学派心理学 [M]. 济南：山东教育出版社，2009.

机会，同时构建自我存在的基础，确保自己在社会中有牢固的立足点，而不是被边缘化或局限在狭隘的领域中。社会不仅是人类心理的源头，同时也是其最终指向。倘若个体不能够把自身心理作用于社会，并在与他人的互动中展现心理内涵，则个体的心理机能不能够得到提升，不可以实现潜在可能性的拓展，从而导致社会交往面临阻力。同时，如果缺少这种心理与精神方面的动力，各项社会事业的推进也会受挫，这对社会的发展将非常不利。因此，从个人成长与社会整体性视角出发，人的心理必须指向社会、面向社会，并且在社会中发挥作用。

（二）心理疏导社会取向的基本要求

思想政治教育中的运用心理疏导强调坚持社会取向并不是与人本取向相悖。坚持社会取向主要是从思想政治活动的整体性出发，看到了思想政治教育在服务社会、发展社会中的独特作用。只有在一个社会稳定、进步的环境中，个人才能有更多的机会去追求自身的发展，并且体验到更多的幸福感。所以，应该防止错误地把社会与个人对立起来，并辩证地看待那些与个人价值观相矛盾的社会导向观点。在社会实践的过程中，应该把社会导向同个人导向有机地结合起来。

1. 将社会主义意识形态融入心理疏导过程

心理疏导是一种帮助个体消化心理问题并寻求心理平衡的方法。通过倾听和引导，个体得以释放负面情绪，进一步实现心理上的舒适和健康。在思想政治教育的过程中，心理疏导不仅涉及一般的心理疏导，还需要引导个体认识到社会主义的本质要求和内在规范。由于思想政治教育工作者是将建设社会主义事业的人们作为他们教育的对象，而我们国家的社会主义性质的发展理念同时也对思想政治教育应该对社会主义主导意识形态进行体现做了要求，所以心理疏导不只是帮助学生消除心理方面的问题，解答他们的困惑，同时也需要帮助他们树立正确的价值观。这主要体现为对社会主导意识形态的坚持。而社会主义主导意识形态在指导思想上体现为马克思主义理论和中国特色社会主义理论体系，在实践中体现为中国特色社会主义制度、理论和道路，在组织结构上体现为中国共产党的执政体制、行政运作方式、权力作用模式，在社会生活中则体现为符合中国特色社会主义要求和人民群众利益的法律制度、价值规范和行为内容，这些不同层面的内容共同体现和确证了我国的社会主义性质，并不断发展社会主义的优势和特色。

思想政治教师进行心理疏导的时候，需要遵循中国特色社会主义主导意识形态的原则，不仅关注个体心理方面的情况，更要考虑社会现实的发展情况。此外，教师需要明确思想政治教育中的心理疏导与心理咨询、治疗等活动的不同，不将它们混为一谈。在帮助学生解决心理困惑的过程中，教师需要通过思想教育和心理疏导等办法，协助他们识别并解决由心理问题引发的思想问题和症结，并促进他们对主流社会意识形态的认同。在整个心理疏导过程中，教师需要融入社会主义价值观念，从而不仅能够达到心理疏导的效果，同时也能够达到思想政治教育的目的，进而推动个人的发展和社会的进步。

2. 引导学生正确看待当前社会发展状况

我国正在逐步进行社会转型，向现代化、信息化的方向发展，这使得人们的心理和思想在社会大转变时期出现了些许不适应，影响了个体的心理健康和社会的稳定和谐。鉴于我国社会主义所处的历史阶段和发展特点，思想政治教师在心理疏导中需要传达这样的信息并进行有效的引导，让学生理解当前社会发展的实际状况是由多种因素造成的，帮助学生理性看待社会对心理产生的影响。此外，我国的社会主义处在不断发展的状态，还有待发展和提升，因而不能以崇尚西方的心理看待我国历史发展中的某些缺陷和不足，也不能以当下的心理去看待已有历史中的事件和现象，这有助于人们以全面、理性、客观的姿态参与社会活动，进行社会生活，从而促进自我心态的积极调适和心理的积极适应。

3. 要将个人心理引入现实社会

人与社会不可分割，社会是由众多个体组成的，并需要个体形成的强大合力来推动社会前进。体现人的属性和特征的心理、思想、思维等主观性内容也是在社会中获得现实形态并作用于现实社会的。因而，不仅要通过心理疏导使学生获得良好的心理品质，还要将这种良好的心理品质转化为实际行动，转化为参与社会活动、融入社会事业的行动。在思想政治教育中实施心理疏导，必须克服学生片面性地要求"独立型自我"的状态，即认为我可以作为独立的个体而存在，不需要与社会、他人结成复杂的关系，有密切的关联。要通过心理疏导让学生认识到"互依型自我"，即我的存在是在与他人和社会的关系建构、互为依存中体现的。因而，个人的良好心理不能只内在于我、独立于我，只将自我的发展和提高作为心理活动和心理机制发挥作用的唯一目标，还需要在承担社会角色、履行社会责任中开发心理效能，转化心理能量，让自己在现实社会活动中得以丰富和提升。

第三节　心理疏导的基本过程

一、建立信任关系

在心理疏导的初期，教师同学生之间的互动需要先建立彼此之间的信任。这种信任有助于提升学生内心的自信程度，这属于互动沟通的过程。构建信任关系在心理疏导的整体过程中起到重要作用，同时也是基础，对接下来疏导工作的开展与最终成效有至关重要的影响。

二、搭建包容的环境

在教师与学生构建信任的过程中搭建一种包容的环境同样十分重要。学生倘若无法解决内心矛盾，负面情绪会越来越严重，这会对他们心理潜能的挖掘起到一定阻碍作用。所以说，教师需要创造包容环境，表现出共情的态度，理解学生的内心状态。

三、倾诉与情绪宣泄

在面对困难时，学生通常会感到思绪混乱。教师需要是引导他们表达内心感受，对学生内心深处的情感进行深入挖掘，为他们提供一个自我认知与情感体验的空间。在这个过程中，教师没有必要评价或干预学生的选择以及应对手段，这是由于倾诉本身就有助于情感的释放。

四、寻找症结

教师需要积极协作，与学生一起探讨引发心理问题的缘由，明确关键问题与次要问题，协助他们找到内心的支撑。值得注意的一点，在这个过程中，教师必须充分理解学生，让学生感受到足够的尊重，避免主观猜测。

五、制定疏导策略

教师需要激发求助者对自身进行分析的能力，以厘清他们所面临的困境与疑虑。教师鼓励学生一同探讨问题的不同视角、应对方法以及情感体验，这种探讨有助于增强与巩固学生的心理素质。通过这一过程，学生的内在潜力被唤醒，会转变为个体面对困难的勇气，然后师生一起制定有效的疏导策略。

六、整合资源

心理疏导是一种心理辅导方法，同时也是一门实践的学问。在大学心理疏导工作中，教师应该发挥资源优势，同时注重大学生的其他层面，如生活、学习、人际关系等。

值得注意的是，教师应该注意减少学生对于自己的依赖。心理疏导的最终目标是助人自助，即引导学生培养独立解决问题的能力和心理素质，而不是帮学生包办所有的问题。否则，一旦学生过度依赖教师，将不利于学生的个人成长。在心理疏导过程中，教师主要起引导作用，给予学生心理上的支持和理解。教师应从各方面帮助学生树立信心，获得走出困境的勇气和毅力。

第四节　心理疏导的方法与技术

一、心理疏导的方法

（一）理论教育法

理论教育法是通过教育方法来传授基本原理和思想观念的方法。在心理疏导中，它有助于学生深刻理解理论知识，促使其客观、理性思考，消除认知偏差和心理冲突，维护心理和谐。所以，思想政治教育中的心理疏导需要运用理论教育法，同时也要谨慎处理其要求与具体内容。

①理论教育要与生活实际相结合，适应学生的具体情况。学生的心理问题通常源自对生活不满意或发展困难。在心理疏导的时候，教师需关注学生的生活，

理解他们的心理情况，并提供相应的理论指导。同时，教师要考虑每个个体的特殊情况，提供外在支持和帮助，以消除其心理障碍并改善其心理态度。理论教育不是抽象说教，主要是解决学生心理上的问题。

②理论引导需要双向互动，强调教师和学生之间的对话。心理疏导要求学生自我反思，虽然由教师主导，但不能忽视学生的自主性，教师需要在理论引导中与学生进行交流，促进学生自我认知和心理态度的改变。

③注意理论表述简洁，用生动故事传递道理。心理疏导需要温和情感，理论语言需要生活化。通过生动故事和实例解释理论，拉近教师与学生之间的距离，促进学生理论内化。教师通过具体化阐明抽象理论，帮助学生自我反思。

（二）宣泄疏导法

宣泄疏导法是指教师通过倾听、共感、支持等技巧鼓励和引导学生充分表达内心的情绪情感，使其负面情绪得以释放，内心冲突得以缓解，从而初步改善其心理状态，为分析归因提供良好基础。

宣泄疏导法的核心在于教师应该充分站在学生的角度接受并聆听他们的情感表达。如果学生能够在适合的环境与时间点适度宣泄内心的烦闷与矛盾，就可以有效地减轻他们的心理负担，使其情绪得到稳定。这个时候，教师就能够针对他们的思想进行更有效的指导，会取得更好的教育成效。举例来说，在学生心理负担过重或情绪低落的情况下，能够鼓励他们通过一些兴趣爱好，如唱歌或打球等，将自身的心理负担与内心压力进行宣泄与释放。此时，教师可以同步进行引导，从而培养他们正确的思想观念。

需要注意的是，教师需要有敏锐的发现与观察的能力，从而能够了解学生无法释放的内在的阻碍力量。举例来说，作为学生，他们渴望在感性层面表达自己的情感，然而社会规范与个人价值观的束缚会使得一些情感在潜意识中被压制，因此引起内心的矛盾与忧虑。在进行心理疏导工作的时候，教师需要敏锐地察觉到学生内心的抵触情绪，并通过引导性的互动帮助他们缓解心中存在的压力，化解心中的矛盾，为心理疏导工作构建一个良好的心理氛围。

（三）激励疏导法

激励疏导法是指教师从积极鼓励的角度出发，善于发现学生的优点，并以此为突破口，满足学生的心理诉求。美国著名心理学家詹姆斯说："人类本质中最殷切的需求是被肯定。"^① 所以在大学生思想政治教育中开展心理疏导应采用激励疏导方法，激发学生的动机，使其发挥内在潜力，追求更高的奋斗目标。激励疏导法的关键是从心理上帮助学生树立战胜挫折的信心和决心。

在心理疏导工作中采用激励疏导法要求做到以下两点。

1. 物质奖励和精神激励相结合

物质奖励与精神激励都是必要的手段，可以激发个人的思维主动性。在思想政治教育的过程中，教师能够借助识别学生的利益矛盾冲突，以及物质方面的激励或者是精神方面的激励，让学生的需求得到满足，并让他们的内在潜能得到发挥，实现全面健康成长。

2. 情感激励和说理激励相结合

情感激励是指教师通过建立情感上的关联性，与学生进行真挚的交流，从而赢得学生的信赖。教师要注重学生的学习以及生活的状况，积极同学生进行沟通交流，发现并掌握学生的现实情况，在短时间内发现学生出现的心理问题与思维上的认知错误，并且从学生的角度出发去考虑问题。倘若学生面临难题，教师需要及时关心、理解与鼓励他们。这种情感激励能够让学生主动地参与到心理疏导过程中来。说理激励是指通过对学生讲解道理，激发其积极性与动力的教育方法。当学生在心理方面、思想方面出现问题的时候，只通过情感激励是远远不能实现疏导成效的，还应该整合说理激励，将学生指引到正确的方向，以理性的态度对其进行引导和疏导。

（四）认知疏导法

认知疏导法是指将心理学中认知疗法的思想应用到大学生思想政治教育中的心理疏导过程，是一种十分重要的心理疏导方法。心理倾向的固定表现之一是认知，在 19 世纪 60 至 70 年代出现了一种心理治疗方法，这种方法是基于人们的认知过程对情绪与行为产生影响的理论假设的。它采取认知与行为手段来改变治疗者的不良认知，从而矫正不良行为，这种方法被称为认知疗法。认知疏导法在

---

① 　辛予. 抑郁症原生态疗法 [M]. 广州：广东科技出版社，2007.

大学生思想政治教育中被广泛使用，有助于学生重新建立自身的认知框架，更正错误的认知观念。

简单来说，认知疏导法是指在进行思想政治教育的时候，通过心理疏导来帮助学生发现个人的思考方法有着怎样的误区，并帮助他们转变思考方式，走出误区，进一步对心理障碍进行解决，达到心态上的和谐，同时培养正确的三观。由于学生在大学中会遇到学习或生活中的多种多样的利益冲突与矛盾，不成熟与不理性的思维方式导致他们的价值观受到影响。这些不具备科学性的价值观在一定程度上造成了他们的心理问题。因此，教师应该在进行思想政治教育的时候，通过引导学生树立正确三观来开展心理疏导工作。采用认知疏导方法，帮助大学生建立理性与科学的思维方法，从而保证其心理和谐。

为了实践认知疏导法，教师应该帮助学生明辨自身问题的内外部因素，并教导他们学会自我审视，指引学生以他人的视角考虑问题，消除自身的错误思想，帮助学生掌握积极主动与他人交流的能力，激发其自主学习的动力，培养其自主解决问题的能力，促进其个人成长，最终让大学生思想政治教育的成效得到提升。

（五）情感感染法

情感感染法是指在进行心理疏导的过程中，教师借助情感投入、传递以及生成等多种手段，通过情绪表现展现充足的尊重、关怀以及信任，从而让学生与之形成情感共鸣，以强大的情感力量影响与感染学生的情绪与心理。在心理疏导的过程中强调情感的重要性，这是由于人类的情感需要与心理需求常常是建立在与人交往并建立感情关系的基础之上的。只有通过情感交流与互动建立起来的关系才能够让人们多元化的心理需求得到满足，并让人们在深刻的情感关怀与支持中对自身的心理状况进行反省与思考。

1. 体现情感的感染力

为了让学生产生情感共鸣，教师应该使用多种策略，其中包含精神层面的情感感化、实践行动的行为引导、理性思维的认知引导以及交流沟通的情绪引导等方式。要运用多种多样的感化方法，教师应该彰显自己的主导地位，利用自己的影响力与魅力来启发与疏导学生。这种方法不仅要求教师诚挚自然地倾听学生，帮助他们增加信任感，还需要通过自身的人格魅力同学生在心灵上产生感应，使情感有效传递。

2. 发挥情感的引导力

在心理疏导过程中引导感情要求教师真诚地面对学生，并运用情感认同和信任的力量对学生进行深层次的引导，而非停留在表层的情感感化。教师需要构建一种主动、良好的情感环境，并借助指导性的语言激发学生的潜能与积极性，帮助他们克服内心的矛盾。同时，教师需要用真挚的情感鼓励与引导学生，让他们实现心理转化，从而充分彰显自身的心理能量。

3. 激发情感的推动力

情感感染法的终极目标是借助情感的影响力，利用感化与引导的方法促使学生在良好的情感充实的氛围中产生一些实际性的调整与改变，从而将积极的心态运用到自身具体的实践生活当中。要激发情感的推动力，教师应该引导学生的认知与理性思维，从而进一步消除学生在实践中产生与累积的消极情绪。同时，教师应该让学生的积极、肯定的情感成为生活的主导力量，这样学生就能够在积极情感的推动下努力生活。

（六）重点突破法

重点突破法是指在对一些困难状况进行解决的时候，需要识别其核心与关键点，并将其作为解决问题的切入方向，从而制定相应的策略方案并加以实施，对问题进行解决。在思想政治教育的心理疏导中运用重点突破法的时候，需要关注学生心理方面的问题，然后采用宣泄、引导等多种方式帮助他们认识自己，调整自己的心态，改变自己的行为。这样能够帮助学生掌控自己的情绪，从而更好地适应环境。重点突破法是心理疏导的过程中采用的一种具体的、具有针对性手段，主要关注学生所表达的问题。该方法能够深入剖析学生心理上产生焦虑和混乱的原因，针对其痛点进行有目标性的了解与掌握。借助引导与打破常规，从而让学生的状态发生良好的转变，并使其能够积极适应环境。教师应用重点突破法进行心理疏导，主要有以下几个方面需要注意。

1. 重在找准并明确重点

心理疏导是一种有效的手段，有助于个体解决心理障碍，适应环境改变的同时养成积极的心理。它的核心在于把握个人心理系统中的关键点，并解决这些关键性因素，从而消除由此形成的多种负面作用。重点突破法的核心是掌握导致负面作用的关键心理因素，这与焦点解决疗法在后现代主义治疗过程的应用具有相似的地方，但实际操作略有不同。焦点解决疗法强调借助聚焦于解决问题的对话方式来激发与促进学生当下的转变。要落实重点突破法，必须先找到问题的核心并清晰地界定出来。这意味着教师需要全面地分析学生的精神状态、动机、心理冲突和人格原型等因素，以确保准确发现核心的心理问题。只有那些拥有高素质、丰富实践经验和卓越能力，以认真负责的态度对待工作的教师，才能够发现学生心理问题的本质。

2. 贵在系统筹划、制定步骤

重点突破法的核心在于教师需要找到问题的关键点，能够实施全面且合理的计划与措施，并且这些计划具有一定的可行性，这是重点突破法的关键部分。依据思想政治教育的价值要求，依照思想政治教育过程中心理疏导的目的，教师需要在设计与安排计划的过程中注重学生心理现象转变的特点，借助相互连接的步骤来促进学生心理的改变，同时保证思想政治教育的价值要求贯穿于整个过程中。所以，重点突破法在实施形式上具有一定的灵活性，只要能够改善学生的心理状态，任何突破性的方法都能够采用。但是，实施过程中所传达的内容必须能够彰显一定的价值。

二、心理疏导的技术

（一）解释技术

解释技术是心理咨询中的重要技术，是指咨询师运用心理学理论和自己的知识和经验框架对来访者当前症状的性质、病因、病理机制和防御机制进行阐述的过程。表面上看，解释并没有要求来访者做什么改变，仅仅只是咨询师对来访者的症状、病因病理、情绪情感和行为反应做一番理论阐述，但因为可能改变了其认知图式或解除了其心理困惑，促使来访者发生积极的变化。解释技术强调客观性、陈述性的过程，是对来访者进行全面而详尽的整体把握，以了解其问题的症状。

解释技术在心理疏导开展过程中是十分关键的。在实际操作的时候，有些学生可能会表现出一些不寻常的行为，如动作经常性重复等，这些表现通常是不受他们自己控制的。因此，教师需要对以上行为做出适当的解释。倘若教师能够全面、正确地解释，就能够有针对性地帮助学生解决心理障碍与行为问题。在心理疏导中运用解释技术时，需要遵循以下相关原则。

1. 客观真实

解释的风格、意义以及结果容易受到主观因素影响，这是因为解释是建立在人们的自身经验与知识结构基础上的，但这并不意味着解释是完全主观并随意的。从基本含义来看，解释是以整体客观的形式说明事物的规律、联系及其特性与原因。即使解释是自身的主观活动，但是在实践中必须遵循客观真实的原则，从而确保解释的结果准确可信。心理疏导是一种系统性活动，旨在帮助学生建立健康的心理状态，并提高思想政治教育的效果。在这个过程中，解释学生的客观真实性是非常关键的一部分，倘若教师过多地掺杂个人的主观想法与偏好，就会造成对学生的心理解释不够客观，从而出现心理认知上的夸大或者轻视，就会影响到疏导的成效，甚至会给学生造成更多的问题。所以在进行心理疏导的过程中，教师需要掌握良好的解释技巧，并且要在解释方式上保持一定的客观性与真实性。这样就能够正确看待与评价学生的心理状况，并有针对性地开展疏导与指引，以达到更好的疏导效果。

2. 多角度

心理问题是一个复杂的问题，它的形成和演变受到许多方面的影响。所以，在解释心理问题的过程中，教师应该考虑多种原因，并从多角度进行分析，观察它们之间的关联性与彼此影响，以便用正确的方式加以解释。此外，教师作为现实社会的一员，其理论知识、人生经验以及认知能力等方面也存在一定局限性。因此，倘若仅仅解读学生的心理，大概率会造成思维狭隘、考虑不全的情况发生。但是如果教师能够从多视角、多层面进行解释与考虑，转换思维观念，那么就有利于全面分析问题，产生相对合理的解释结果。此外，教师既要分析和解释学生所反映的问题，还要解释学生实际生活与实践活动中的行为举止与思想观念。综上所述，为了确保能够对学生的思想、心理状况以及行为举止进行准确而合理的解释，教师需要关注解释的各种角度与多种形式，从而获得有价值、可靠的信息来支持心理疏导的实施。

3. 解释语言要简明易懂

教师需要对学生的心理进行解释与分析，这个过程需要应用与心理学相关的专业性理论知识，因此会使用许多专业术语。虽然这样的解释可以提高成效，但如果想要让学生认识自己所面临的问题，那么应该把这样的专业语言转化为通俗易懂的语言。依据学生的差异性选择适合他们特点的表达形式，用简单明了的语言阐述信息，使学生更加容易理解；表达简单易懂，避免使用难懂或抽象的术语，让学生可以理解自己的问题并且能够做出改变；要让学生易于理解解释的内容，需要使用相对而非绝对的描述方式，并且使用生动形象的表达形式。理解解释语言的特征性有助于整个心理疏导过程的展开。

（二）面质技术

面质技术是心理咨询中常用的技术之一，又称质疑、对质、对抗和挑战自我技术，是指咨询师当面指出来访者表述中所呈现的言行不一致、思想与现实不一致、前后言语不一致的现象，促进来访者审视自己的思维、情感与行为中的内在矛盾或不协调性，使来访者放下自己的防卫心理，认识到自我认识的盲点或局限性，破除固执己见等非理性认识的思维习惯，揭示自己不肯承认、不肯接受和否定的另一面，而那正是自我内心真实的一面，促进来访者自我察觉和自我成长。面质技术被引入心理疏导过程的目的主要是启发、指导、鼓励学生，让他们能够正确处理现实同理想、个体感受同客观存在的关系，以客观的态度去面对自身的心理障碍与困惑，同时能够主动改变这种负面情绪。面质技术是一种可行的心理解决方法，它可以被用于思想政治教育心理疏导。然而，运用这种技术需要满足以下要求。

1. 必须有针对性地进行

面质技术的运用有一定范围和条件，主要针对语言与非语言行为不一致、逃避面对自己的感觉与想法、语言行为前后矛盾、不知善用资源、未觉察自己的限制等行为。所以，并非全部的心理问题均需要使用面质技术来进行疏导，教师应该依照学生实际所展现的问题有目的地选择与应用合适的面质技术。总体而言，在进行心理疏导的时候，教师应当充分了解学生的心理状况，并通过实际情况观察是否需要采用针对性更强的面质技巧。若学生是由于认知狭隘、单一造成的心理障碍，那么采用面质技术可能是一个有效的解决方法。在运用面质技术时，教师需要逐步推进，依照学生的问题情况进行教育。针对不同的情况，教师要仔细挑选适合的内容，对学生发问。在实践过程中，教师需要遵循启发性与引导性的准则，确保实现学生的认知转化。

2. 必须建立在良好关系的基础上

进行思想政治教育的过程中，心理疏导的基本价值取向之一是关系取向。这意味着，教师与学生建立良好的关系是心理疏导的关键基础。利用表达形式包含质疑、挑战和反驳等方法的面质技术很大概率会造成学生的委屈感，进而产生惊恐与不安感，从而阻碍了心理疏导工作的进行。但是倘若两者之间能够彼此互动与理解的话，学生会理解教师的举动不是为了刁难自己，而是想要更加深入地分析问题。教师这样做的目的是帮助学生更加客观地了解自我，更加正确地看待自身行为，摆脱错误的想法与混乱的情绪，解决自身存在的问题，实现人生的进步。倘若两者不能基于这种良好的关系进行互动，就有极大概率造成学生产生排斥与反感的情绪，反而加重他们心理问题的程度，影响心理疏导的成效。所以，教师在进行思想政治教育的过程中使用面质技术应该注重实际的条件与气氛，同时需要有师生之间的良好关系作为基础。

3. 必须避免无情攻击和个人发泄

教师在应用面对面沟通技巧时通常会通过提问、对话等方式进行心理疏导。在讨论的环境中，学生与教师应能够坚持自己的立场并自由发表意见，这种互动促进了师生思想的碰撞并让彼此心灵相通，对于揭示学生真正面临的问题是非常具有帮助的。但是，如果学生的观点具有一定的极端性，并且其精神状态十分不稳定的情况下，同时教师没有足够的反驳与挑战学生观点的水平的话，极大概率会造成心理疏导的氛围更紧张。有些教师也可能会变得情绪化，并对学生的行为与思想进行语言攻击，以上都是应该防止发生的情况，属于心理疏导中的负面案例，会对学生产生不良影响。这种状况中，教师需要摆脱负面情绪的干扰，尽管学生可能会采取敌对行为来对抗质疑技巧，但教师的态度依旧应该是容忍，并将学生向正确与积极的方向做引导。当然，在一定情况下教师可以将心理疏导工作暂停，或者改变疏导模式，但不能进行人身攻击与主观情绪发泄。

第五节　心理疏导的实施策略

一、提升教师心理疏导水平

在进行大学生思想政治教育工作的时候，教师应该积极开展心理疏导工作，以帮助学生学习与心理有关的健康知识，并让学生掌握自我疏导的技巧。要想实现这一目标，教师需要不断学习心理学知识，提升自身的心理疏导能力，确保能够让学生享受更加专业的教育，从而让思想政治教育的心理疏导工作更加具有成效。

（一）提高心理疏导能力

因为心理疏导是一种相对复杂的工作，从事思想政治教育的人员不仅需要拥有思想政治教育方面优秀的专业知识能力，还应该具备健全的心理素质，同时对于心理疏导的相关知识和技能应该有整体的把握。教师需要注重提升自我意识，以及敏捷、灵活的思维能力，确保充沛的精力储备，教师应该具备良好的沟通技巧，善于分析问题，同时应该有与心理学有关的理论储备。通过加强专业培训，提高教师队伍的心理疏导能力和水平，邀请专家参与危机干预案例评析，并指派心理咨询专家指导教师进行心理疏导方面的任务。定期为教师举办心理健康教育专题培训。采取派驻培训、举办研讨会、讨论会等措施有效提升教师的心理疏导能力。

（二）把握心理疏导方法

大学生思想政治教育工作是非常烦琐的，由于教师的工作领域十分广泛，而且所面对的教育对象是年轻的大学生，他们有着丰富的思想与情感，这些年轻人具有一定的独立性，但缺乏一定的成熟度。此外，他们的个性与思想各不相同，导致思想政治教育工作非常复杂。由于大学生具备独特的个性特征，所以接受心理疏导的时候存在一定的局限性。因此，在面对大学生的心理问题时，教师需要特别注意客观事实，避免受到主观观念的影响。通过分析学生的心理障碍，发现形成这些障碍的具体因素，并找到解决这些障碍的方法。为了提高思想政治教育的实效性，教师应该对学生的实际生活加以重视，能够及时对造成心理问题的各种因素进行分析，应该有针对性地对这些因素进行拆解，以消除学生内心的困惑和焦虑，从而实现心理疏导的目的。

（三）增强心理疏导理论研究

通过增强大学生在心理疏导方面的基本理论建设，提高思想政治教育的实效，同时理论研究也有利于实践的顺利开展。教师需要提高自己心理疏导的能力模式与技巧的多样性，同时总结心理疏导中的一些实践案例从中吸取教训，增加理论经验，从而为心理疏导的发展提供理论支持。

尽管我国在心理疏导的理论和实践研究方面已经取得了显著进展，但大学生思想政治教育的过程中仍存在理论研究不足的现象，还有非常多的研究未能实现重大突破。教师需要总结心理疏导实践中所使用的方法和技巧，通过理论研究概括，开发新型的心理疏导模式与技巧，以应对学生身心发展的需求。这样，心理疏导工作不仅能够在一定程度上帮助教师积累工作经验，同时还有理论支持，让思想政治教育目标性更强、成效更突出。

二、构建心理疏导情感氛围

情感是影响学生行为与思想政治教育运作的因素之一，同时也是教师与学生进行互动的关键。思想政治教育过程中，教师需要构建一种情感氛围来帮助学生排解压力，并让他们从情感上认同这种教育形式，进而积极参与其中。学生具有独特的个性与心理特征，表现出强烈的自我意识和表现欲望，渴望得到他人的理解、尊重和认可。教师同时应该注重塑造情感氛围，关注学生的心理需求，让学生在感性氛围的影响下主动融入心理调适或自我疏导的过程中。

进行思想政治教育的时候，教师需要积极关注与帮助学生处理因为学习或者实际生活中遇到的利益冲突从而形成的心理问题。同时也应该鼓励周围的同学关心并照顾那些遇到问题的学生，让他们切实感受到心理疏导工作的重要性，同时增加他们的主动性，使得他们能够同教师进行心灵上的沟通，能够接受心理疏导服务。在进行教育时，教师应该秉持尊重、理解和真诚的工作理念，遵循平等、尊重以及保密的要求，这有助于建立教师与学生之间的信任关系。同时，这种工作理念也有助于实现教师与学生之间的潜移默化的意识交流。

思想政治教育工作能够借助情感交流的方式影响学生，并利用校园文化的物质表现形式，如高校广播、宣传栏等，传播有关心理疏导方法和理念的信息。在尊重学生隐私的前提下，公开分析一些实践中的心理疏导的典型例子，能够帮助大学生更科学地认识心理疏导，同时还可以举办心理电影展、心理讨论会等活动，创造一个积极健康的环境。当大学生心理上存在问题的时候，他们应该积极主动地向专业的心理辅导员寻求帮助，与他们分享内心感受。心理辅导员应该成为学生信赖的伙伴和知己。构建良好的心理疏导环境，推行"用爱呵护、用心呵护"的思想政治教育，让心理疏导行动更加深入。

三、创新心理疏导工作载体

互联网开拓了人们的视野，也让社会心理进一步成熟，同时思想上也得到解放，这就让思想政治教育有了新的发挥空间。大学可以借助创建思想政治教育网站，向学生传递正确的思想观念，对他们的思想与行为进行正确引导，从而实现思想政治教育的目的。大学生在网络上可以更加自由地表达自己的想法和生活中的矛盾，网络具有虚拟性、自由性和隐藏性，这使得教师能够利用网络信息平台对大学生的心理动态有更为准确与全面的认知。

大学建设心理健康网站的主要目标是借助网络互动的平等性，帮助教师把握学生整体的思想认知状况与实际需求，及时引导和帮助学生构建积极的三观，进一步帮助他们培养处理事情的正确方法与认知理念。仅仅在网站上添加心理疏导栏目是远远不够的，同时还需要教师在学校论坛上发帖，有目的地指导学生主动关注并有足够的空间对自身的身心发展进行探讨。通过网络文化节、网络心理健康讲座等活动引导学生关注时事政治与心理健康等问题，同时还可以推荐一些国内外著名的心理咨询专业网站供学生参考，以获得更多的帮助和支持。

四、构建心理疏导体系

开展思想政治教育心理疏导的时候，需要构建学校、家庭以及社会整合的系统，共同合作，以达到更好的效果。按照学校实际状况宣传与心理健康有关的知识与理论，营造积极向上的心理疏导环境，改变学生在心理上的单一性看法。

大学生的成长过程中，除了学校教育，家庭与社会两者的教育也起到重要作用。家庭是影响学生发展与健康成长的关键原因。现代心理学认为，针对一个人的成长与发育，其家庭氛围起到了巨大作用，尤其是在早期成长过程中构建的人格结构，将会对其未来生活与工作的心理产生深远影响。大学生的心理健康会受到家庭环境的影响，举例来说，父母离婚、父母吵架、父母生病等各种情况都会影响学生的心理。这意味着家长应该同学校进行合作，探索学生心理问题的根源，找出家庭方面的问题。学校需要与家长加强联系，建议设置辅导员同家长沟通的平台，以便家长与老师能够对学生状况进行及时了解。

除了家庭方面的原因，还有社会对个体的影响。学生的心理成长与社会环境密不可分，社会的文化传统、伦理道德观念以及社会习俗等对大学生的心理发展有深远影响，只有处在一个积极健康的社会氛围中，大学生才能够形成积极良好的心态。倘若想要对社会氛围进行改变，那么各地政府部门就需要采用综合治理等手段，积极推广心理健康知识和理念，营造正面社会环境，纠正人们对心理问题的误解与负面的看法，提供有序、安全的校园学习与生活氛围，构建良好的、积极的心理成长的环境。学校需要与心理咨询部门、社区中的青少年教育部门等社会上的组织紧密沟通，借助社会上的一些资源对学校心理疏导工作中的不足进行弥补。

在进行思想政治教育心理疏导工作时，应该把学校、家庭和社会三者的资源进行整合，依托三位一体的心理疏导支持系统，协同合作，一起促进心理疏导工作的实施。以上所说的支持系统旨在促进学校同家庭之间的紧密合作，吸引家长的积极参与，同时还能够鼓励社会各界的协作，为心理咨询创造一个全员一起参与、积极支持的氛围。

参考文献

[1] 韩振峰.新时代高校思想政治教育及思想政治理论课教学研究 [M].北京：中央编译出版社，2021.

[2] 王永亮，张倩倩，李莹.新视阈下的高校思想政治教育研究 [M].北京：中国华侨出版社，2021.

[3] 魏晓笛.高校思想政治教育与教学工作创新研究 [M].北京：中央编译出版社，2019.

[4] 赵琳.互联网视域下高校心理健康教育模式发展研究 [M].重庆：重庆大学出版社，2019.

[5] 郗铮.新时代思想政治教育理论研究 [M].哈尔滨：黑龙江人民出版社，2019.

[6] 刘建军.马克思主义基本原理与当代中国思想政治教育专题研究 [M].北京：中国人民大学出版社，2015.

[7] 赵雪梅.新形势下研究生思想政治工作理论与实践 [M].武汉：武汉大学出版社，2018.

[8] 王晓刚.大学生心理危机预防与干预标准化体系研究 [M].杭州：浙江工商大学出版社，2016.

[9] 黄冬福.高校突发事件思想政治教育疏导研究 [M].厦门：厦门大学出版社，2014.

[10] 王成芳，方芳，陈满.心理教育融入高校思想政治教育的探讨 [J].大学，2023（25）：193-196.

[11] 马文涛.社会主义生态文明观：高校思想政治教育的绿色载体 [J].湖北经济学院学报（人文社会科学版），2023，20（7）：111-116.

[12] 游双 . 基于心理健康视角探析当代大学生思想政治教育：评《高校学生思想政治教育与心理健康》[J]. 中国学校卫生，2023，44（05）：806.

[13] 张艳艳，周晓娟 . 新时代高校心理教育工作的方法论构建探索：评《高校思想政治工作中的心理教育机制的构建研究》[J]. 中国高校科技，2023（04）：111.

[14] 庞琳，陈思彤 . 高校思想政治教育与心理健康教育结合路径研究 [J]. 北华航天工业学院学报，2023，33（01）：41–43.

[15] 李嫚嫚 . 新形势下高校心理健康教育与思想政治教育融合的研究 [J]. 大众文艺，2022（24）：196–198.

[16] 佟艺峰 . 基于"以人为本"的教育思想理念浅谈高校思想政治教育与高校学生管理工作相结合 [J]. 公关世界，2022（14）：110–111.

[17] 罗颖 . 心理健康教育在高校思想政治教育中的效用与路径研究 [J]. 佳木斯职业学院学报，2022，38（01）：110–112.

[18] 李尉清 . 协同育人下高校心理健康教育与思想政治教育的互嵌逻辑 [J]. 张家口职业技术学院学报，2021，34（04）：36–38.

[19] 王丽荣 . 高校思想政治教育中心理疏导模式的建构 [J]. 现代教育科学，2021（04）：70–74.

[20] 陈思琪 . 高校思想政治教育中的心理育人研究 [D]. 石家庄：河北师范大学，2021.

[21] 杨林 . 心理健康教育融入高校思想政治教育路径研究 [D]. 长春：东北师范大学，2021.

[22] 尹莹朝 . 发挥心理健康教育在高校思想政治教育中的作用研究 [D]. 秦皇岛：燕山大学，2019.

[23] 郭栋 . 心理健康教育对高校思想政治教育的影响和启示 [D]. 杭州：浙江大学，2018.

[24] 刘蕾 . 高校思想政治教育中的人文关怀与心理疏导一体化研究 [D]. 长沙：长沙理工大学，2016.

[25] 李雪姣 . 高校思想政治教育中的心理咨询研究 [D]. 锦州：辽宁工业大学，2014.

[26] 袁国贤 . 高校思想政治教育与心理健康教育结合途径的研究 [D]. 重庆：重庆理工大学，2012.

[27] 蒋蓉.心理健康教育对高校思想政治教育的丰富与拓展研究 [D].南京：南京林业大学，2011.

[28] 李雪飞.高校思想政治教育与心理健康教育结合途径的研究 [D].石家庄：河北师范大学，2011.

[29] 杨丽霞.论心理健康教育对高校思想政治教育内容结构的优化 [D].上海：华东师范大学，2005.